Edgar Allan Poe
Die Maske des roten Todes
und weitere Schauergeschichten

EDGAR ALLAN POE

DIE MASKE DES ROTEN TODES

und weitere
Schauergeschichten

Aus dem Englischen von
Gisela Etzel

NIKOL
VERLAG

Die Kurzgeschichten wurden folgender Ausgabe entnommen:
Edgar Allan Poes Werke. Gesamtausgabe der Dichtungen und Erzählungen. Herausgegeben von Theodor Etzel.
Erschienen im Propyläen Verlag, Berlin, o. J.
Die Orthografie und Interpunktion wurde behutsam den Regeln der neuen deutschen Rechtschreibung angepasst.

2. Auflage 2024

Satz: Röser MEDIA GmbH & Co. KG, Karlsruhe
Umschlaggestaltung: Nele Schütz Design unter Verwendung von shutterstock/Garry Killian
Druck und Bindung: CPI Moravia Books s.r.o.
Printed in the Czech Republic

ISBN: 978-3-86820-629-6

Besuchen Sie uns im Internet:
www.nikol-verlag.de

INHALT

DIE MASKE DES ROTEN TODES

Lange schon wütete der rote Tod im Lande; nie war eine Pest verheerender, nie eine Krankheit grässlicher gewesen. Blut war der Anfang, Blut das Ende – überall das Rote und der Schrecken des Blutes. Mit stechenden Schmerzen und Schwindelanfällen setzte es ein, dann quoll Blut aus allen Poren, und das war der Beginn der Auflösung. Die scharlachroten Tupfen am ganzen Körper der unglücklichen Opfer – und besonders im Gesicht – waren des roten Todes Bannsiegel, das die Gezeichneten von der Hilfe und der Teilnahme ihrer Mitmenschen ausschloss; und alles, vom ersten Anfall bis zum tödlichen Ende, war das Werk einer halben Stunde. Prinz Prospero aber war fröhlich und unerschrocken und weise. Als sein Land schon zur Hälfte entvölkert war, erwählte er sich unter den Rittern und Damen des Hofes eine Gesellschaft von tausend heiteren und leichtlebigen Kameraden und zog sich mit ihnen in die stille Abgeschiedenheit einer befestigten Abtei zurück. Das war ein ausgedehnter prächtiger Bau, eine Schöpfung nach des Prinzen eigenem exzentrischen, aber vornehmen Geschmack. Eine hohe, mächtige Mauer, die eiserne Tore hatte, umschloss das Ganze.

Nachdem die Höflingsschar dort eingezogen war, brachten die Ritter Schmelzöfen und schwere Hämmer herbei und schmiedeten die Riegel der Tore fest. Es sollte weder für die draußen wütende Verzweiflung noch für ein etwaiges törichtes Verlangen der Eingeschlossenen eine Türe offen sein. Da die Abtei mit Proviant reichlich versehen war und alle erdenklichen Vorsichtsmaßregeln getroffen worden waren, glaubte die Gesellschaft der Pestgefahr Trotz bieten zu können. Die Welt da draußen mochte für sich selbst sorgen! Jedenfalls schien es unsinnig, sich vorläufig bangen Gedanken hinzugeben.

Auch hatte der Prinz für allerlei Zerstreuung Sorge getragen. Da waren Gaukler und Komödianten, Musikanten und Tänzer – da waren Schönheit und Wein. All dies und dazu das Gefühl der Sicherheit war drinnen in der Burg – draußen war der rote Tod.

Im fünften oder sechsten Monat der fröhlichen Zurückgezogenheit versammelte Prinz Prospero – während draußen die Pest noch mit ungebrochener Gewalt raste – seine tausend Freunde auf einem Maskenball von unerhörter Pracht. Reichtum und zügellose Lust herrschten auf dem Feste. Doch will ich zunächst die Räumlichkeiten schildern, in denen das Fest abgehalten wurde. Es waren sieben wahrhaft königliche Gemächer. Im Allgemeinen bilden in den Palästen solche Festräume – da die Flügeltüren nach beiden Seiten bis an die Wand zurückgeschoben werden können – eine lange Zimmerflucht, die einen weiten Durchblick gewährt. Hier war dies jedoch nicht der Fall. Des Prinzen Vorliebe für alles Absonderliche hatte die Gemächer vielmehr so aneinander gegliedert, dass man von jedem Punkte immer nur einen Saal zu überschauen vermochte. Nach Durchquerung des einzelnen Raumes gelangte man an eine Biegung, und jede dieser Wendungen brachte ein neues Bild. In der Mitte jeder Seitenwand befand sich ein hohes, schmales gotisches Fenster, hinter dem eine enge Galerie den Windungen der Zimmerreihe folgte. Die Fenster bestanden aus Glasmosaik, dessen Tönung immer mit der vorherrschenden Farbe des Raumes übereinstimmte. Das am Ostende gelegene Zimmer zum Beispiel war in Blau gehalten, und so waren auch seine Fenster leuchtend blau. Das folgende Gemach war in Wandbekleidung und Ausstattung purpurn, und auch seine Fenster waren purpurn. Das dritte war ganz in Grün und hatte dementsprechend grüne Fensterscheiben. Das vierte war orangefarben eingerichtet und hatte orangefarbene Beleuchtung. Das fünfte war weiß, das sechste violett. Die Wände des siebenten Zimmers aber waren dicht mit schwarzem Samt bezogen, der sich auch über die Deckenwölbung spannte und in schweren Falten auf einen Teppich von gleichem Stoffe niederfiel. Und nur in diesem Raume glich die Farbe der Fenster nicht derjenigen der Dekoration: Hier waren die Scheiben scharlachrot – wie Blut.

Nun waren sämtliche Gemächer zwar reich an goldenen Ziergegenständen, die an den Wänden entlang standen oder von der Decke herabhingen, kein einziges aber besaß einen Kandelaber oder Kronleuchter. In der ganzen Zimmerreihe gab es weder Lampen- noch Kerzenlicht. Stattdessen war draußen auf der an den Zimmern entlanglaufenden Galerien vor jedem Fenster ein schwerer Dreifuß aufgestellt, der ein kupfernes Feuerbecken trug, dessen Flamme ihren Schein durch das farbige Fenster hereinwarf und so den Raum schimmernd erhellte. Dadurch wurden die fantastischsten Wirkungen erzielt. In dem westlichsten oder schwarzen Gemach aber war der Glanz der Flammenglut, der durch die blutig-roten Scheiben in die schwarzen Sammetfalten fiel, so gespenstisch und gab den Gesichtern der hier Eintretenden ein derart erschreckendes Aussehen, dass nur wenige aus der Gesellschaft kühn genug waren, den Fuß über die Schwelle zu setzen.

In diesem Gemach befand sich an der westlichen Wand auch eine hohe Standuhr in einem riesenhaften Ebenholzkasten. Ihr Pendel schwang mit dumpfem, wuchtigem, eintönigem Schlag hin und her; und wenn der Minutenzeiger seinen Kreislauf beendet hatte und die Stunde schlug, so kam aus den ehernen Lungen der Uhr ein voller, tiefer, sonorer Ton. Dieser Klang war so sonderbar ernst und so feierlich, dass bei jedem Stundenschlag die Musikanten des Orchesters, von einer unerklärlichen Gewalt gezwungen, ihr Spiel unterbrachen, um dem Ton zu lauschen. So musste der Tanz plötzlich aussetzen, und eine kurze Missstimmung überkam die heitere Gesellschaft. Solange die Schläge der Uhr ertönten, sah man selbst die Fröhlichsten erbleichen, und die Älteren und Besonneneren strichen mit der Hand über die Stirn, als wollten sie wirre Traumbilder oder unliebsame Gedanken verscheuchen. Kaum aber war der letzte Nachhall verklungen, so durchlief ein lustiges Lachen die Versammlung. Die Musikanten blickten einander an und schämten sich lächelnd ihrer Empfindsamkeit und Torheit, und flüsternd vereinbarten sie, dass der nächste Stundenschlag sie nicht wieder derart aus der Fassung bringen solle.

Allein, wenn nach wiederum sechzig Minuten, dreitausendsechshundert Sekunden der flüchtigen Zeit, die Uhr von Neuem schlug, trat dasselbe allgemeine Unbehagen ein, das gleiche Bangen und Sinnen wie vordem. Doch wenn man hiervon absah, war es eine prächtige Lustbarkeit. Der Prinz besaß einen eigenartigen Geschmack. Er hatte ein feines Empfinden für Farbenwirkungen, alles Herkömmliche und Modische war ihm zuwider, er hatte seine eigenen, kühnen Ideen, und seine Fantasie liebte seltsame, glühende Bilder. Es gab Leute, die ihn für wahnsinnig hielten. Sein Gefolge aber wusste, dass er es nicht war. Doch man musste ihn sehen und kennen, um dessen gewiss zu sein.

Die Einrichtung und Ausschmückung der sieben Gemächer waren eigens für dieses Fest fast ganz nach des Prinzen eigenen Angaben gemacht worden, und sein eigener, merkwürdiger Geschmack hatte auch den Charakter der Maskerade bestimmt. Gewiss, sie war grotesk genug. Da gab es viel Prunkendes und Glitzerndes, viel Fantastisches und Pikantes. Da gab es Masken mit seltsam verrenkten Gliedmaßen, die Arabesken vorstellen sollten, und andere, die man nur mit den Hirngespinsten eines

Wahnsinnigen vergleichen konnte. Es gab viel Schönes und viel Üppiges, viel Übermütiges und viel Groteskes und auch manch Schauriges – aber nichts, was irgendwie widerwärtig gewirkt hätte. In der Tat, es schien, als wogten in den sieben Gemächern eine Unzahl von Träumen durcheinander. Und diese Träume wanden sich durch die Säle, von denen jeder sie mit seinem besonderen Licht umspielte, und die tollen Klänge des Orchesters schienen wie ein Echo ihres Schreitens. Von Zeit zu Zeit aber riefen die Stunden der schwarzen Riesenuhr in dem Samtsaal, und eine kurze Weile herrschte eisiges Schweigen – nur die Stimme der Uhr erdröhnte. Die Träume erstarrten. Doch das Geläut verhallte – und ein leichtes halb unterdrücktes Lachen folgte seinem Verstummen. Die Musik rauschte wieder auf, die Träume belebten sich von Neuem und wogten noch fröhlicher hin und her, farbig beglänzt durch das Strahlenlicht der Flammenbecken, das durch die vielen bunten Scheiben strömte. Aber in das westlichste der sieben Gemächer wagte sich jetzt niemand mehr hinein. Denn die Nacht war schon weit vorgeschritten, und greller noch floss das Licht durch die blutroten Scheiben und überflammte die Schwärze der düsteren Draperien. Wer den Fuß hier auf den dunklen Teppich setzte, dem dröhnte das dumpfe, schwere Atmen der nahen Riesenuhr warnender, schauerlicher ins Ohr als jenen, die sich in der Fröhlichkeit der entfernten Gemächer tummelten.

Diese anderen Räume waren überfüllt, und in ihnen schlug fieberheiß das Herz des Lebens. Und der Trubel rauschte lärmend weiter, bis endlich die Uhr die zwölf Schläge der Mitternacht erdröhnen ließ. Und die Musik verstummte, so wie früher, und der Tanz wurde jäh zerrissen, und wie vorher trat ein plötzlicher, unheimlicher Stillstand ein. Jetzt aber musste der Schlag der Uhr zwölfmal ertönen, und daher kam es, dass den Nachdenklichen noch trübere Gedanken kamen und dass ihre Versonnenheit noch länger andauerte. Und daher kam es wohl auch, dass, bevor noch der letzte Nachhall des letzten Stundenschlages erstorben war, manch einer Zeit genug gefunden hatte, eine Maske zu bemerken, die bisher noch keinem aufgefallen war. Das Gerücht von dieser neuen Erscheinung sprach sich flüsternd herum, und es erhob sich in der ganzen Versammlung ein Summen und Murren des Unwillens und der Entrüstung – das schließlich zu Lauten des Schreckens, des Entsetzens und höchsten Abscheus anwuchs.

Man kann sich wohl denken, dass es keine gewöhnliche Erscheinung war, die den Unwillen einer so toleranten Gesellschaft erregen konnte. Man hatte in dieser Nacht der Maskenfreiheit zwar sehr freie Grenzen gezogen, doch die Gestalt war in der Tat zu weit gegangen – über des Prinzen weitgehende Duldsamkeit hinaus. Auch in den Herzen der Übermütigsten gibt es Saiten, die nicht berührt werden dürfen, und selbst bei den Verstocktesten, denen Leben und Tod nur Spiel sind, gibt es Dinge, mit denen sie nicht Scherz treiben lassen. Einmütig schien die Gesellschaft zu empfinden, dass in Tracht und Benehmen der befremdenden Gestalt weder Witz noch Anstand sei.

Lang und hager war die Erscheinung, und von Kopf bis Fuß in Leichentücher gehüllt; die Maske, die das Gesicht verbarg, war dem Antlitz eines Toten täuschend nachgebildet. Doch all dies hätten die tollen Gäste des tollen Gastgebers, wenn es ihnen auch nicht gefiel, hingehen lassen. Aber der Verwegene war so weit gegangen, die Gestalt des roten Todes darzustellen. Sein Gewand war blutbesudelt, und seine breite Stirn, das ganze Gesicht sogar war mit dem scharlachroten Todessiegel gefleckt.

Als die Blicke des Prinzen Prospero diese Gespenstergestalt entdeckten, die, um ihre Rolle noch wirkungsvoller zu spielen, sich langsam und feierlich durch die Reihen der Tanzenden bewegte, sah man, wie er im ersten Augenblick von einem Schauer des Entsetzens oder des Widerwillens geschüttelt wurde; im nächsten Moment aber rötete sich seine Stirn in Zorn.

»Wer wagt es«, fragte er mit heiserer Stimme die Höflinge an seiner Seite, »wer wagt es, uns durch solch gotteslästerlichen Hohn zu empören? Ergreift und demaskiert ihn, damit wir wissen, wer er ist, der bei Sonnenaufgang an den Zinnen unsres Schlosses aufgeknüpft werden wird!«

Es war in dem östlichen, dem blauen Zimmer, wo Prinz Prospero diese Worte rief. Sie hallten laut und deutlich durch alle sieben Gemächer, denn der Prinz war ein kräftiger und kühner Mann, und die Musik war durch eine Bewegung seiner Hand zum Schweigen gebracht worden.

Das blaue Zimmer war es, in dem der Prinz stand, umgeben von einer Gruppe bleicher Höflinge. Sein Befehl brachte Bewegung in die Höflingsschar, als wolle man den Eindringling ergreifen, der gerade jetzt ganz in der Nähe war und mit würdevoll gemessenem Schritt dem Sprecher nähertrat. Doch das namenlose Grauen, das die wahnwitzige Vermessenheit des Vermummten allen eingeflößt hatte, war so stark, dass keiner die Hand ausstreckte, um ihn aufzuhalten. Ungehindert kam er bis dicht an den Prinzen heran – und während die ganze Versammlung, zu Tode entsetzt, zur Seite wich und sich in allen Gemächern bis an die Wände zurückzog, ging er unangefochten seines Weges, mit den nämlichen, feierlichen und gemessenen Schritten wie zu Beginn.

Und er schritt von dem blauen Zimmer in das purpurrote – von dem purpurroten in das grüne – von dem grünen in das orangefarbene – und aus diesem in das weiße – und weiter noch in das violette Zimmer, ehe eine entscheidende Bewegung gemacht wurde, um ihn aufzuhalten. Dann aber war es Prinz Prospero, der rasend vor Zorn und Scham über seine eigene unbegreifliche Feigheit die sechs Zimmer durcheilte – er allein, denn von den andern vermochte vor tödlichem Schrecken kein einziger ihm zu folgen. Den Dolch in der erhobenen Hand, war er in wildem Ungestüm der weiterschreitenden Gestalt bis auf drei oder vier Schritte nahe gekommen, als sie, die jetzt das Ende des Samtgemaches erreicht hatte, sich plötzlich zurückwandte und dem Verfolger gegenüberstand. Man hörte einen durchdringenden Schrei, der Dolch fiel blitzend auf den schwarzen Teppich und im nächsten Augenblick sank auch Prinz Prospero im Todeskampf zu Boden.

Nun stürzten mit dem Mute der Verzweiflung einige der Gäste in das schwarze Gemach und ergriffen den Vermummten, dessen hohe Gestalt aufrecht und regungslos im Schatten der schwarzen Uhr stand. Doch unbeschreiblich war das Grauen, das sie befiel, als sie in den Leichentüchern und hinter der Leichenmaske, die sie mit rauem Griffe packten, nichts Fassbares fanden – sie waren leer …

Und nun erkannte man die Gegenwart des roten Todes. Er war gekommen wie ein Dieb in der Nacht. Und die Festgenossen sanken einer nach dem andern in den blutbetauten Hallen ihrer Lust zu Boden und starben – ein jeder in der verzerrten Lage, in der er verzweifelnd niedergefallen war. Und das Leben in der Ebenholzuhr erlosch mit dem Leben des letzten Fröhlichen. Und die Gluten in den Kupferpfannen verglommen. Und unbeschränkt herrschte über alles mit Finsternis und Verwesung der rote Tod.

DER UNTERGANG DES HAUSES USHER

Son cœur est un luth suspendu;
Sitôt qu'on le touche il résonne.
Beranger

Ich war den ganzen Tag lang geritten, einen grauen und lautlosen, melancholischen Herbsttag lang – durch eine eigentümlich öde und traurige Gegend, auf die erdrückend schwer die Wolken herabhingen. Da endlich, als die Schatten des Abends herniedersanken, sah ich das Stammschloss der Usher vor mir. Ich weiß nicht, wie es kam, – aber ich wurde gleich beim ersten Anblick dieser Mauern von einem unerträglich trüben Gefühl befallen. Ich sage unerträglich, denn dies Gefühl wurde durch keine der poetischen und darum erleichternden Empfindungen gelindert, mit denen die Seele gewöhnlich selbst die finstersten Bilder des Trostlosen oder Schaurigen aufnimmt. Ich betrachtete das Bild vor mir – das einsame Gebäude in seiner einförmigen Umgebung, die kahlen Mauern, die toten, wie leere Augenhöhlen starrenden Fenster, die paar Büschel dürrer Binsen, die weiß schimmernden Stümpfe abgestorbener Bäume – mit einer Niedergeschlagenheit, die ich mit keinem anderen Gefühl besser vergleichen kann als mit dem trostlosen Erwachen eines Opiumessers aus seinem Rausche, dem bitteren Zurücksinken in graue Alltagswirklichkeit, wenn der verklärende Schleier unerbittlich zerreißt. Es war ein frostiges Erstarren, ein Erliegen aller Lebenskraft – kurz, eine hilflose Traurigkeit der Gedanken, die kein noch so gewaltsames Anstacheln der Einbildungskraft aufreizen konnte zu Erhabenheit, zu Größe. Was mochte es sein – dachte ich, langsamer reitend – ja, was mochte es sein, dass der Anblick des Hauses Usher mich so erschreckend überwältigte? Es war mir ein Rätsel; aber ich konnte mich der grauen Wahngespenster nicht erwehren; ich musste mich mit der wenig befriedigenden Erklärung begnügen, dass es tatsächlich in der Natur ganz einfache Dinge gibt, die durch die Umstände, in denen sie uns erscheinen, geradezu niederdrückend auf uns wirken können, dass es aber nicht in unsere Macht gegeben ist, eine Definition dieser Gewalt zu finden. Es wäre möglich, überlegte ich, dass eine etwas andere Anordnung der einzelnen Bestandteile dieses Landschaftsbildes genügen würde, die düstere Stimmung des Ganzen abzuschwächen, ja, vielleicht sogar vollständig aufzuheben. Von diesem Gedanken getrieben, lenkte ich mein Pferd an den steilen Rand eines schwarzen, sumpfigen Teiches, der, von keinem Hauch bewegt, neben dem Schlosse lag, und spähte ins Wasser – doch ein Schauder, noch stärker als zuvor, schüttelte mich beim Anblick der auf den Kopf gestellten und verzerrten Bilder der grauen Binsen, der gespenstischen Baumstümpfe und der wie leere Augenhöhlen starrenden Fenster.

Nichtsdestoweniger beschloss ich, in diesem schwermutsvollen Hause einen Aufenthalt von mehreren Wochen zu nehmen. Sein Eigentümer, Roderich Usher, war einer meiner liebsten Jugendfreunde gewesen, doch seit unserer letzten Begegnung waren viele Jahre dahingegangen. Da hatte mich jüngst bei meinem Aufenthalt in einem entlegenen Teile des Landes ein Brief erreicht – ein Brief von ihm –, dessen seltsam ungestümer Charakter keine andere als eine persönliche und mündliche Beantwortung zuließ. Das Schreiben zeugte entschieden von nervöser Aufregung. Der Verfasser sprach von einer heftigen körperlichen Erkrankung – von niederdrückender geistiger Zerrüttung – und von dem innigen

Wunsch, mich, der ich sein bester und tatsächlich sein einziger persönlicher Freund sei, wiederzusehen; er hoffe, meine erheiternde Gesellschaft werde seinem Zustande etwas Erleichterung bringen. Die Art und Weise, in der dies und vieles andere gesagt war – die Herzensbedrängnis, die aus seinem Verlangen sprach –, das war es, was mir kein Zögern erlaubte, und ich gehorchte daher dieser höchst seltsamen Aufforderung unverzüglich.

Obgleich wir als Knaben geradezu vertraute Kameraden gewesen waren, so wusste ich dennoch recht wenig über meinen Freund. Seine Zurückhaltung war immer außerordentlich gewesen; sie war ihm ganz selbstverständlich erschienen. Immerhin war mir bekannt, dass seine sehr alte Familie seit unvordenklichen Zeiten wegen einer eigentümlichen Reizbarkeit des Temperaments bekannt gewesen war, einer Reizbarkeit, die lange Jahre hindurch in vielen erhaben eigenartigen Kunstwerken sich aussprach; später betätigte sich dies feinfühlige Empfinden in mancher Handlung großmütiger, doch unauffälliger Mildtätigkeit und in der leidenschaftlichen Hingabe an das Studium der Musik – weniger also an ihre altbekannten, leichtfasslichen Schönheitsformen als an die tief verborgenen Probleme dieser Kunst. Ich hatte auch die sehr bemerkenswerte Tatsache erfahren, dass der Stammbaum der Familie Usher, die jederzeit hoch angesehen gewesen, zu keiner Zeit einen ausdauernden Nebenzweig hervorgebracht hatte, mit anderen Worten, dass die Abstammung der ganzen Familie in direkter Linie abzuleiten war. Und ich vergegenwärtigte mir, dass sich in dieser Familie neben dem ungeteilten Besitztum auch die besonderen Charaktereigentümlichkeiten ungeteilt von Glied zu Glied vererbten, und sann darüber nach, inwieweit im Laufe der Jahrhunderte die eine dieser Tatsachen die andere beeinflusst haben könne. Wahrscheinlich, so sagte ich mir, ist es eben dieser Mangel einer Seitenlinie, ist es dies von Vater zu Sohn immer sich gleich bleibende Erbe von Besitztum und Familienname, das schließlich beide so miteinander identifiziert hatte, dass der ursprüngliche Name des Besitztums in die wunderliche und doppeldeutige Bezeichnung »das Haus Usher« übergegangen war – eine Benennung, die bei den Bauern, die sie anwendeten, beides, sowohl die Familie wie das Familienhaus, zu bezeichnen schien.

Ich sagte vorhin, dass der einzige Erfolg meines etwas kindischen Beginnens – meines Hinabblickens in den dunklen Teich – der gewesen war, den ersten sonderbaren Eindruck, den das Landschaftsbild auf mich gemacht hatte, noch zu vertiefen. Es ist zweifellos, das Bewusstsein, mit dem ich das Anwachsen meiner abergläubischen Furcht – denn dies ist der rechte Name für die Sache – verfolgte, diente nur dazu, diese Furcht selbst zu steigern. Denn ich kannte schon lange das paradoxe Gesetz aller Empfindungen, deren Ursprung das Entsetzen, das Grauen ist. Und einzig dies mag die Ursache gewesen sein einer seltsamen Vorstellung, die in meiner Seele erstand, als ich meine Augen von dem Spiegelbild im Pfuhl wieder hinaufrichtete auf das Wohnhaus selbst; es war eine Einbildung, so lächerlich in der Tat, dass ich sie nur erwähne, um zu zeigen, wie lebendig, wie stark die Eindrücke waren, die auf mir lasteten. Ich hatte so auf meine Einbildungskraft eingewirkt, dass ich tatsächlich glaubte, das Haus und seine ganze Umgebung seien von einer nur ihm eigentümlichen Atmosphäre umflutet – einer Atmosphäre, die zu der Himmelsluft keinerlei Zugehörigkeit hatte, sondern die emporgedunstet war aus den vermorschten Bäumen, den grauen Mauern und dem stummen Pfuhl – ein giftiger, geheimnisvoller, trüber, träger, kaum wahrnehmbarer bleifarbener Dunst.

Von meinem Geist abschüttelnd, was Traum gewesen sein musste, prüfte ich eingehender das wirkliche Aussehen des Gebäudes. Das Auffallendste an ihm schien mir sein beträchtliches Alter zu sein. Die Zeitläufte hatten ihm seine ursprüngliche Farbe genommen. Ein winzig kleiner Pilz hatte alle Mauern wie mit einem Netzwerk überzogen, dessen feinmaschiges Geflecht von den Dachtraufen herabhing. Doch von irgendwelchem außergewöhnlichen Verfall war das Gebäude noch weit entfernt. Kein Teil des Mauerwerks war eingesunken, und die noch vollkommen erhaltene Gesamtheit stand in seltsamem Widerspruch zu der bröckelnden Schadhaftigkeit der einzelnen Steine. Dies Haus stand gleichsam da wie altes Holzgetäfel, das in irgendeinem unbetretenen Gewölbe viele Jahre lang vermoderte, ohne dass je ein Lufthauch von draußen es berührte, und das darum in all seinem inneren Verfall stattlich und lückenlos dasteht. Außer diesen Zeichen eines allgemeinen Verfalls bot das Haus jedoch nur wenige Merkmale von Baufälligkeit. Vielleicht hätte allerdings ein scharf prüfenden Blick einen kaum wahrnehmbaren Riss entdecken können, der an der Frontseite des Hauses vom Dach im Zickzack die Mauer hinunterlief, bis er sich in den trüben Wassern des Teiches verlor.

Diese Dinge bemerkte ich, als ich über einen kurzen Dammweg zum Hause hinaufritt. Ein wartender Diener nahm mein Pferd und ich trat unter den gotisch gewölbten Torbogen der Halle. Ein Kammerdiener mit leichtem, leisem Schritt führte mich schweigend durch dunkle und gewundene Gänge in das Arbeitszimmer seines Herrn. Vieles, was ich unterwegs erblickte, trug irgendwie dazu bei, das unbestimmte niederdrückende Gefühl, von dem ich schon gesprochen habe, zu verstärken. Diese Dinge um mich her – das Schnitzwerk der Deckentäfelung, der ebenholzglänzende Flur, die düsteren Wandteppiche mit ihrem fantastischen Waffenschmuck, der bei meinen Tritten rasselte –, das alles waren Dinge, die schon meiner Kindheit vertraut gewesen waren, wie ich mir unumwunden eingestehen musste – dennoch wunderte ich mich, was für unheimliche Vorstellungen so gewöhnliche Dinge erwecken konnten.

Auf einer der Treppen begegnete ich dem Hausarzt. Sein Gesichtsausdruck erschien mir gemein und durchtrieben, während mein Anblick ihn verblüffte. Er begrüßte mich verwirrt und ging weiter. Jetzt riss der Kammerdiener eine Tür auf und führte mich hinein zu seinem Herrn.

Das Zimmer, in dem ich mich nun befand, war sehr groß und hoch. Die Fenster waren lang und schmal und hatten gotische Spitzbogenform; sie befanden sich so hoch über dem schwarzen eichenen Fußboden, dass man nicht an sie heranreichen konnte. Ein schwacher Schimmer rötlichen Lichtes drang durch die vergitterten Scheiben herein und reichte gerade hin, die hauptsächlichen Gegenstände des Gemachs erkennbar zu machen; doch mühte sich das Auge vergebens, bis in die entfernten Winkel des Zimmers, in die Tiefen der schmuckreichen Deckenwölbung vorzudringen. Dunkle Teppiche hingen an den Wänden. Die Einrichtung selbst war im Allgemeinen überladen prunkvoll, unbehaglich, altmodisch und schadhaft. Eine Menge Bücher und Musikinstrumente lagen umher, doch auch das vermochte nicht, die tote Starrheit des öden Raumes zu beleben. Ich fühlte, dass ich eine Luft einatmete, die schwer von Gram und Sorge war. Ernste, tiefe, unheilbare Schwermut lastete hier auf allem.

Bei meinem Eintritt erhob sich Usher von einem Sofa, auf dem er lang ausgestreckt gelegen hatte, und begrüßte mich mit warmer Lebhaftigkeit, die mir zuerst übertrieben schien – etwa wie gezwungene Liebenswürdigkeit des blasierten Weltmannes. Ein Blick jedoch auf sein Gesicht überzeugte mich von seiner völligen Aufrichtigkeit. Wir setzten uns, und da er nicht gleich sprach, betrachtete ich ihn minutenlang – und wurde von Mitleid und Grauen ergriffen. Sicherlich, kein Mensch hatte sich je in so kurzer Zeit so schrecklich verändert wie Roderich Usher! Nur mit Mühe gelang es mir, die Identität dieser gespenstischen Gestalt da vor mir mit dem Gefährten meiner Kindheit festzustellen. Doch seine Gesichtsbildung war immer merkwürdig und auffallend gewesen – eine leichenhafte Blässe, große, klare und unvergleichlich leuchtende Augen, Lippen, die etwas schmal und sehr bleich waren, – aber von ungemein schönem Schwunge, eine Nase von edelzartem, jüdischem Schnitt, doch mit ungewöhnlich breiten Nüstern, ein schön gebildetes Kinn, dessen wenig kräftige Form einen Mangel an sittlicher Energie verriet, und Haare, die feiner und zarter waren als Spinnenfäden. Diese einzelnen Züge, verbunden mit einer massigen Kraft und Breite der Stirn über den Schläfen, bildeten ein Antlitz, das man wohl nicht leicht vergessen konnte. Und nun hatte die übertriebene Entwicklung dieser charakteristischen Einzelheiten genügt, den Ausdruck seiner Züge so zu verändern, dass ich nicht einmal wusste, ob er es wirklich war. Vor allem war ich bestürzt, ja, entsetzt von der jetzt gespenstischen Blässe der Haut und dem jetzt übernatürlichen Strahlen des Auges. Das seidige Haar hatte ein ungewöhnliches Wachstum entfaltet, und wie es da so seltsam wie hauchzarter Altweibersommer sein Gesicht umflutete, konnte ich beim besten Willen nicht dies arabeskenhaft verschlungene Gewebe mit dem einfachen Begriff Menschenhaar in Beziehung bringen.

Im Benehmen meines Freundes überraschte mich sofort eine gewisse Verwirrtheit – seiner Rede fehlte der Zusammenhang; und ich erkannte dies als eine Folge seiner wiederholten kraftlosen Versuche, ein ihm innewohnendes Angstgefühl, das ihn wie Zittern überkam, zu unterdrücken – einer heftigen, nervösen Aufregung Herr zu werden. Ich war allerdings auf etwas Derartiges gefasst gewesen, sowohl sein Brief als auch meine Erinnerung an bestimmte Wesenseigenheiten des Knaben hatten mich darauf vorbereitet, und auch sein Äußeres wie sein Temperament ließen dergleichen ahnen. Sein Wesen war abwechselnd lebhaft und mürrisch. Seine Stimme, die eben noch zitternd und unsicher war, wenn die Lebensgeister in tödlicher Erschlaffung ruhten, flammte plötzlich auf zu heftiger Entschiedenheit – wurde schroff und nachdrücklich –, dann schwerfällig und dumpf, bleiern einfältig – wurde zu den sonderbar modulierten Kehllauten der ungeheuren Aufregung des sinnlos Betrunkenen oder des unheilbaren Opiumessers.

So sprach er also von dem Zweck meines Besuches, von seinem dringenden Verlangen, mich zu sehen, und von dem trostreichen Einfluss, den er von mir erhoffte. Nach einer Weile kam er auf die Natur seiner Krankheit zu sprechen. Es war, sagte er, ein ererbtes Familienübel, ein Übel, für das ein Heilmittel zu finden er verzweifle – nichts weiter als nervöse Angegriffenheit, fügte er sofort hinzu, die zweifellos bald vorübergehen werde. Sie äußere sich in einer Menge unnatürlicher Erregungszustände. Einige derselben, die er mir nun beschrieb, verblüfften und erschreckten mich, doch mochte an dieser Wirkung seine Ausdrucksweise, die Form seines Berichtes schuld sein. Er litt viel unter einer krankhaften Verschärfung der Sinne; nur die geschmackloseste Nahrung war ihm erträglich, als Kleidung konnte er nur ganz bestimmte Stoffe tragen; jeglicher Blumenduft war ihm zuwider; selbst das schwächste Licht quälte seine Augen, und es gab nur einige besondere Tonklänge – und diese nur von Saiteninstrumenten –, die ihn nicht mit Entsetzen erfüllten.

Ich sah, dass er der Furcht, dem Schreck, dem Grauen sklavisch unterworfen war. »Ich werde zugrunde gehen«, sagte er, »ich muss zugrunde gehen an dieser beklagenswerten Narrheit. So, so und nicht anders wird mich der Untergang ereilen! Ich fürchte die Ereignisse der Zukunft – nicht sie selbst, aber ihre Wirkungen. Ich schaudere bei dem Gedanken, irgendein ganz geringfügiger Vorfall könne die unerträgliche Seelenerregung verschlimmern. Ich habe wirklich keinen Schauder vor der Gefahr, nur vor ihrer unvermeidlichen Wirkung – vor dem Schrecken. In diesem entnervten, in diesem bedauernswerten Zustand fühle ich, dass früher oder später die Zeit kommen wird, da ich beides, Vernunft und

Leben, hingeben muss – verlieren im Kampf mit dem grässlichen Phantom Furcht.«

Noch einen andern sonderbaren Zug seiner geistigen Verfassung erfuhr ich nach und nach aus abgerissenen, unbestimmten Andeutungen. Er war hinsichtlich des Hauses, das er bewohnte, in gewissen abergläubischen Vorstellungen befangen. Schon seit Jahren hatte er sich nicht mehr aus dem Hause herausgewagt – infolge eines Einflusses, dessen eingebildete Wirkung er mir in so unbestimmten, schattendunkeln Worten mitteilte, dass ich sie hier nicht wiedergeben kann. Wie er sagte, hatten einige Besonderheiten in der Bauart und dem Baumaterial seines Stammschlosses in dieser langen Leidenszeit auf seinen Geist Einfluss erlangt – einen Einfluss also, den das Physische der grauen Mauern und Türme und des trüben Pfuhls, in den sie alle hinabstarrten, auf seine Psyche ausübte.

Jedoch gab er zögernd zu, dass die seltsame Schwermut, unter der er leide, einer natürlicheren, gewissermaßen handgreiflicheren Ursache zugeschrieben werden könne – nämlich der schweren und langwierigen Krankheit – ja, der offenbar nahen Auflösung einer zärtlich geliebten Schwester – der einzigen Gefährtin langer Jahre – der letzten und einzigen Verwandten auf Erden. Ihr Hinscheiden, sagte er mit einer Bitterkeit, die ich nie vergessen kann, würde ihn (ihn, den Hoffnungslosen, Gebrechlichen) als den Letzten des alten Geschlechtes der Usher zurücklassen. Während er sprach, durchschritt Lady Magdalen – so hieß seine Schwester – langsam den entfernten Teil des Gemachs und verschwand, ohne meine Anwesenheit beachtet zu haben. Ich betrachtete sie mit maßlosem Erstaunen, das nicht frei war von Entsetzen – und dennoch konnte ich mir keine Rechenschaft geben über das, was ich fühlte. Wie Erstarrung kam es über mich, als meine Augen ihren entschwebenden Schritten folgten. Als sich die Tür hinter ihr geschlossen hatte, suchte mein Blick unwillkürlich und begierig das Antlitz des

Bruders – aber er hatte das Gesicht in den Händen vergraben, und ich konnte nur bemerken, dass seine mageren Finger, zwischen denen viele leidenschaftliche Tränen hindurchsickerten, von noch gespenstischerer Blässe waren als gewöhnlich.

Schon lange hatte die Krankheit der Lady Magdalen der Geschicklichkeit der Ärzte gespottet. Eine beständige Apathie, ein langsames Hinwelken und häufige, wenn auch vorübergehende Anfälle vermutlich kataleptischer Natur, das war die ungewöhnliche Diagnose. Bislang hatte sie standhaft der Gewalt der Krankheit getrotzt und war noch nicht bettlägerig geworden. Am Tage meiner Ankunft aber unterlag sie gegen Abend der vernichtenden Macht des Zerstörers – so berichtete ihr Bruder mir des Nachts in unaussprechlicher Aufregung; und ich erfuhr, dass der flüchtige Anblick, den ich von ihr gehabt, wohl auch der letzte gewesen sein werde – dass Lady Magdalen wenigstens lebend nicht mehr von mir erblickt werden würde.

In den nächsten Tagen wurde ihr Name weder von Usher noch von mir erwähnt; und während dieser Zeit war ich ernstlich und angestrengt bemüht, meinen Freund seinem Trübsinn zu entreißen. Wir malten und lasen zusammen, oder ich lauschte wie im Traum seinen seltsamen Improvisationen auf der Gitarre. Und wie nun eine innige und immer innigere Vertrautheit mich immer rückhaltloser eindringen ließ in die Tiefen seiner Seele, kam ich mehr und mehr zur bitteren Erkenntnis, dass alle Versuche vergeblich sein mussten, ein Gemüt aufzuheitern, dessen Schwermut wie eine ewig unwandelbare positive Eigenschaft sich ergoss und alle Dinge der Welt stetig und ausnahmslos mit düsteren Strahlen beflutete.

Ich werde stets ein Andenken bewahren an die vielen feierlich ernsten Stunden, die ich so allein mit dem Haupt des Hauses Usher zubrachte; dennoch ist es mir nicht möglich, einen Begriff zu geben von dem Charakter der Studien oder Beschäftigungen, in die er mich einspann oder zu denen er mich hinwies. Sein übertriebener, ruheloser, geradezu krankhafter Idealismus warf auf all unser Tun einen schweflig-feurigen Glanz. Seine langen improvisierten Klagegesänge werden mir ewig in den Ohren klingen; unter anderem habe ich in schmerzlichster, quälendster Erinnerung eine seltsame Variation – eine Paraphrase zu »Carl Maria von Webers letzte Gedanken«. Die Bildwerke, die seine rastlose Fantasie erstehen ließ und die seine Hand in wunderbar verschwommenen Strichen wiedergab, weckten in mir ein tödliches Grauen, das umso grausiger war, als ich nicht enträtseln konnte, weshalb diese Bilder mich so schauerlich berührten; so lebhaft sie mir auch vor Augen stehen – ich würde mich vergeblich bemühen, mehr von ihnen wiederzugeben, als eben möglich ist mit Worten flüchtig anzudeuten. Durch die übertriebene Einfachheit, ja Nacktheit seiner Bilder fesselte er – erzwang er – die Aufmerksamkeit. Wenn je ein Sterblicher vermochte, eine Idee zu malen, so war es Roderich Usher. Mich wenigstens überwältigte – unter den damals obwaltenden Umständen – bei den reinen Abstraktionen, die der Hypochonder auf die Leinwand zu werfen wagte –, mich überwältigte eine ganz unerhörte Ehrfurcht, von der ich nicht einen Schatten hatte empfinden können, bei der Betrachtung der sicherlich glühenden, aber doch zu körperlichen Träume Fuselis.

Eines der fantastischen Gemälde meines Freundes, ein Bild, das nicht so streng abstrakt war, sei hier schattenhaft nachgezeichnet – so gut es Worte eben können. Es war ein kleines Bild und zeigte das Innere eines ungeheuer langen rechtwinkligen Gewölbes oder Tunnels mit niederen, glatten, weißen Mauern, die sich ohne jede Teilung schmucklos und endlos hinzogen. Durch gewisse feine Andeutungen in der Zeichnung des Ganzen wurde im Beschauer der Gedanke erweckt, dass dieser Schacht sehr, sehr tief unter der Erde lag. Nirgend fand sich in dieser Höhle eine Öffnung, und keine Fackel noch andere künstliche Lichtquelle war wahrnehmbar – dennoch quoll durch das Ganze eine Flut intensiver Strahlen und tauchte alles in eine gespenstische und ganz unvermutete Helligkeit.

Ich habe vorhin schon von der krankhaften Überreizung der Gehörsnerven gesprochen, die dem Leidenden alle Musik unerträglich machte, ausgenommen die Klangwirkung gewisser Saiteninstrumente. Vielleicht war es hauptsächlich diese Einschränkung, durch die er auf die Gitarre angewiesen blieb, die seinen Vorträgen solch fantastischen Charakter lieh. Aber das erklärte noch nicht die feurige Lebendigkeit dieser Impromptus. Sicherlich waren sie, sowohl was die Töne als was die Worte anbetraf (denn nicht selten begleitete er sein Spiel mit improvisierten Versgesängen), das Resultat jener intensiven geistigen Anspannung und Konzentration, von der ich schon früher erwähnte, dass sie nur in besonderen Momenten höchster künstlerischer Erregtheit bemerkbar war. Die Worte einer dieser Rhapsodien sind mir noch gut in Erinnerung. Sie machten wohl einen umso gewaltigeren Eindruck auf mich, als ich in ihrem mystischen Inhalt eine verborgene Andeutung zu entdecken glaubte, dass Usher ein klares Bewusstsein davon habe, wie sehr seine erhabene Vernunft ins Wanken geraten sei. Die Verse, die betitelt waren »Das Geisterschloss«, lauteten ungefähr – wenn nicht wörtlich – so:

An der Täler grünstem Tale
Hat, von Engeln einst bewohnt,
Gleich des Himmels Kathedrale
Golddurchstrahlt ein Schloss gethront.
Rings auf Erden diesem Schlosse
Keines glich;
Herrschte dort mit reichem Trosse
Der Gedanke – königlich.

Gelber Fahnen Faltenschlagen
Floss wie Sonnengold im Wind –
Ach, es war in alten Tagen,
Die nun längst vergangen sind! –
Damals kosten süße Lüfte
Lind den Ort,
Zogen als beschwingte Düfte
Von des Schlosses Wällen fort.

Wandrer in dem Tale schauten
Durch der Fenster lichten Glanz
Genien, die zum Sang der Lauten
Schritten in gemessnem Tanz
Um den Thron, auf dem erhaben,
Marmorschön,
Würdig solcher Weihegaben
War des Reiches Herr zu sehn.

Perlen- und rubinenglutend
War des stolzen Schlosses Tor,
Ihm entschwebten flutend, flutend
Süße Echos, die im Chor,
Weithinklingend, froh besangen –
Süße Pflicht! –
Ihres Königs hehres Prangen
In der Weisheit Himmelslicht.

Doch Dämonen, schwarze Sorgen,
Stürzten roh des Königs Thron. –

Trauert, Freunde, denn kein Morgen
Wird ein Schloss wie dies umlohn!
Was da blühte, was da glühte –
Herrlichkeit! –
Eine welke Märchenblüte
Ist's aus längst begrabner Zeit.

Und durch glutenrote Fenster
Werden heute Wandrer sehn
Ungeheure Wahngespenster
Grauenhaft im Tanz sich drehn;
Aus dem Tor in wildem Wellen
Wie ein Meer
Lachend ekle Geister quellen –
Weh, es lächelt keiner mehr!

Ich entsinne mich gut, dass diese Ballade uns auf ein Gespräch führte, in dem Usher eine seltsame Anschauung kundgab. Ich erwähne diese Anschauung weniger darum, weil sie etwa besonders neu wäre (denn andere haben schon ähnliche Hypothesen aufgestellt), als wegen der Hartnäckigkeit, mit der Usher sie vertrat. Seine Anschauung bestand hauptsächlich darin, dass er den Pflanzen ein Empfindungsvermögen, eine Beseeltheit zuschrieb. Doch hatte in seinem verwirrten Geist diese Vorstellung einen kühneren Charakter angenommen und setzte sich in gewissen Grenzen auch ins Reich des Anorganischen fort. Es fehlen mir die Worte, um die ganze Ausdehnung dieser Idee, um die unbeirrte Hingabe meines Freundes an sie auszudrücken. Dieser sein Glaube knüpfte sich (wie ich schon früher andeutete) eng an die grauen Quader des Heims seiner Väter. Die Vorbedingungen für solches Empfindungsvermögen waren hier, wie er sich einbildete, erfüllt in der Art der Anordnung der Steine, in dem sie zusammenhaltenden Bindemittel und ebenso auch in dem Pilzgeflecht, das sie überwucherte; ferner in den abgestorbenen Bäumen, die das Haus umgaben, und vor allem in dem nie gestörten, unveränderten Bestehen des Ganzen und in seiner Verdoppelung in den stillen Wassern des Teiches. Der Beweis – der Beweis dieser Beseeltheit – sei, so sagte er, zu erblicken (und als er das aussprach, schrak ich zusammen) in der hier ganz allmählichen, jedoch unablässig fortschreitenden Verdichtung der Atmosphäre – in dem eigentümlichen Dunstkreis, der Wasser und Wälle umgab. Die Wirkung dieser Erscheinung, fügte er hinzu, sei der lautlos und grässlich zunehmende vernichtende Einfluss, den sie seit Jahrhunderten auf das Geschick seiner Familie ausgeübt habe; sie habe ihn zu dem gemacht, als den ich ihn jetzt erblicke – zu dem, was er nun sei. – Solche Anschauungen bedürfen keines Kommentars, und ich füge ihnen daher nichts hinzu.

Unsere Bücher – die Bücher, die jahrelang die hauptsächliche Geistesnahrung des Kranken gebildet hatten – entsprachen, wie leicht zu vermuten ist, diesem fantastischen Charakter. Wir grübelten gemeinsam über solchen Werken wie »Vert-Vert et Chartreuse« von Gresset, »Belphegor« von Machiavelli, »Himmel und Hölle« von Swedenborg, »Die unterirdische Reise des Nicolaus Klimm« von Holberg, die Chiromantie von Robert Flud, von Jean D'Indaginé und von de la Chambre; brüteten über der »Reise ins Blaue« von Tieck und der »Stadt der Sonne« von Campanella. Ein Lieblingsbuch war eine kleine Oktavausgabe des »Direktorium Inquisitorium« des Dominikaners Emmerich von Gironne, und es gab Stellen in »Pomponius Mela« über die alten afrikanischen Satyrn und Ogipans, vor denen Usher stundenlang träumend sitzen konnte. Sein Hauptentzücken jedoch bildete das Studium eines sehr seltenen und seltsamen Buches in gotischem Quartformat – eines Handbuches einer vergessenen Kirche – der *»Vigiliae Mortuorum secundum Chorum Ecclesiae Maguntinae«*.

Ich konnte nicht anders, als an das seltsame Ritual dieses Werkes und seinen wahrscheinlichen Einfluss auf den Schwermütigen denken, als er eines Abends, nachdem er mir kurz mitgeteilt hatte, dass Lady Magdalen nicht mehr sei, seine Absicht äußerte, den Leichnam vor seiner endgültigen Beerdigung in einer der zahlreichen Grüfte innerhalb der Grundmauern des Gebäudes aufzubewahren. Die rein äußere Ursache, die er für dieses Vorgehen angab, war solcher Art, dass ich mich nicht aufgelegt fühlte, darüber zu diskutieren. Er, der Bruder, war (wie er mir sagte) zu diesem Entschluss gekommen infolge des ungewöhnlichen Charakters der Krankheit der Dahingeschiedenen, infolge gewisser eifriger und eindringlicher Fragen ihres Arztes und infolge der abgelegenen und einsamen Lage des Begräbnisplatzes der Familie. Ich will nicht leugnen, dass, wenn ich mir das finstere Gesicht des Mannes ins Gedächtnis rief, dem ich am Tage meiner Ankunft auf der Treppe begegnete, – dass ich dann kein Verlangen hatte, einer Sache zu widersprechen, die ich nur als eine harmlose und keineswegs unnatürliche Vorsichtsmaßregel ansah.

Auf Bitten Ushers half ich ihm bei den Vorkehrungen für die vorläufige Bestattung. Nachdem der Körper eingesargt worden war, trugen wir ihn beide ganz allein zu seiner Ruhestätte. Die Gruft, in der wir ihn beisetzten, war so lange nicht geöffnet worden, dass unsere Fackeln in der drückenden Atmosphäre fast erstickten und uns kaum gestatteten, ein wenig Umschau zu halten. Sie war eng, dumpfig und ohne jegliche Öffnung, die Licht hätte einlassen können; sie lag in beträchtlicher Tiefe, genau unter dem Teil des Hauses, in dem sich mein eigenes Schlafgemach befand. Augenscheinlich hatte sie in früheren Zeiten der Feudalherrschaft als Burgverlies übelste Verwendung gefunden und später als Lagerraum für Pulver oder sonst einen leicht entzündlichen Stoff gedient, denn ein Teil ihres Fußbodens sowie das ganze Innere eines langen Bogenganges, durch den wir das Gewölbe erreichten, war sorgfältig mit Kupfer bekleidet. Die Tür aus massivem Eisen hatte ähnliche Schutzvorrichtungen. Ihr ungeheures Gewicht brachte einen ungewöhnlich scharfen, kreischenden Laut hervor, als sie sich schwerfällig in den Angeln drehte.

Nachdem wir unsere traurige Bürde an diesem Ort des Grauens auf ein vorbereitetes Gestell niedergesetzt hatten, schoben wir den noch lose aufliegenden Deckel des Sarges ein wenig zur Seite und blickten ins Antlitz der Ruhenden. Eine ganz verblüffende Ähnlichkeit zwischen Bruder und Schwester fesselte jetzt zum ersten Mal meine Aufmerksamkeit, und Usher, der vielleicht meine Gedanken erriet, murmelte ein paar Worte, denen ich entnahm, dass die Verstorbene und er Zwillinge gewesen waren und dass Sympathien ganz ungewöhnlicher Natur stets zwischen ihnen bestanden hatten. Unsere Blicke ruhten jedoch nicht lange auf der Toten – denn wir konnten sie nicht ohne Ergriffenheit und Grausen betrachten. Das Leiden, durch das die Lady so in der Blüte der Jugend ins Grab gebracht worden war, hatte – wie es bei Erkrankungen ausgesprochen kataleptischer Art gewöhnlich der Fall ist – auf Hals und Antlitz so etwas wie eine schwache Röte zurückgelassen und den Lippen ein argwöhnisch lauerndes Lächeln gegeben, das so schrecklich ist bei Toten. Wir setzten den Deckel wieder auf, schraubten ihn fest, und nachdem wir die Eisentür wieder verschlossen hatten, nahmen wir mit Mühe unsern Weg hinauf in die kaum weniger düsteren Räumlichkeiten des oberen Stockwerkes.

Und jetzt, nachdem einige Tage bittersten Kummers vergangen waren, trat in der Geistesverwirrung meines Freundes eine merkliche Änderung ein. Sein ganzes Wesen wurde ein anderes. Seine gewöhnlichen Beschäftigungen wurden vernachlässigt oder vergessen. Er schweifte von Zimmer zu Zimmer mit eiligem, unsicherem und ziellosem Schritt. Die Blässe seines Gesichts war womöglich noch gespenstischer geworden – aber der feurige Glanz seiner Augen war ganz erloschen. Die gelegentliche Heiserkeit seiner Stimme war nicht mehr zu hören, und ein Zittern und Schwanken, wie von namenlosem Entsetzen, durchbebte gewöhnlich seine Worte. Es gab in der Tat Zeiten, wo ich vermeinte, sein unablässig arbeitender Geist kämpfe mit irgendeinem drückenden Geheimnis, zu dessen Bekenntnis er nicht den Mut finden könne. Zu andern Zeiten wieder war ich gezwungen, alles lediglich als Äußerungen seiner seltsamen Krankheit aufzufassen, denn ich sah, wie er stundenlang ins Leere starrte – und zwar mit dem Ausdruck tiefster Aufmerksamkeit, als lausche er irgendeinem eingebildeten Geräusch. Es war kein Wunder, dass sein Zustand mich erschreckte, mich ansteckte. Ich fühlte, wie sich ganz allmählich, doch unablässig seine seltsamen Wahnvorstellungen, die er mir niemals mitteilte, in mich hineinfraßen.

Besonders in der Nacht des siebenten oder achten Tages nach der Bestattung der Lady Magdalen in der Gruft, als ich mich sehr spät zum Schlafen zurückgezogen hatte, geschah es, dass ich die volle Gewalt dieser Empfindungen erfuhr. Kein Schlaf nahte sich meinem Lager, während die Stunden träge dahinkrochen. Ich bemühte mich, der Nervosität, die mich ergriffen hatte, Herr zu werden. Ich suchte mich zu überzeugen, dass an vielem – wenn nicht an allem –, was ich fühlte, die unheimliche Einrichtung des Gemachs schuld sei; denn es war unheimlich, wie die dunklen und zerschlissenen Wandteppiche, vom Atem eines nahenden Sturmes bewegt, stoßweise auf- und niederschwankten und gegen die Verzierungen des Bettes raschelten. Aber meine Anstrengungen waren fruchtlos. Ein nicht abzuschüttelndes Grauen durchbebte meinen Körper, und schließlich hockte auf meinem Herzen ein Alp – ein furchtbarstes Entsetzen. Mit einem tiefen Atemzug rang ich mich frei aus diesem Bann und setzte mich im Bette auf, ich spähte angestrengt in das undurchdringliche Dunkel des Zimmers und lauschte – wie getrieben von seltsamen instinktiven Ahnungen – auf gewisse dumpfe, unbestimmbare Laute, die, wenn der Sturm schwieg, in langen Zwischenräumen von irgendwoher zu mir drangen, überwältigt von unbeschreiblichem Entsetzen, das mir ebenso unerträglich wie unerklärlich schien, warf ich mich hastig in die Kleider (denn ich fühlte, dass ich in dieser Nacht doch keinen Schlaf mehr finden würde) und versuchte mich aus meinem jammervollen Zustand aufzuraffen, indem ich eilig im Zimmer auf und ab wandelte.

Ich war erst ein paarmal so hin und her gegangen, als ein leichter Tritt auf der benachbarten Treppe meine Aufmerksamkeit erregte. Ich erkannte sogleich Ushers Schritt. Einen Augenblick später klopfte er leise an meine Tür und trat mit einer Lampe in der Hand ein. Sein Gesicht war wie immer leichenhaft blass – aber schrecklicher war der Ausdruck seiner Augen; wie eine irrsinnige Heiterkeit flammte es aus ihnen – sein ganzes Gebaren zeigte eine mühsam gebändigte hysterische Aufregung. Sein Ausdruck entsetzte mich – doch alles schien erträglicher als diese fürchterliche Einsamkeit, und ich begrüßte sein Kommen wie eine Erlösung.

»Und du hast es nicht gesehen?«, sagte er unvermittelt, nachdem er einige Augenblicke schweigend um sich geblickt hatte. »Du hast es also nicht gesehen? – Doch halt, du sollst!« Mit diesen Worten beschattete er sorgsam seine Lampe und lief dann an eins der Fenster, das er dem Sturm weit öffnete.

Die ungeheure Wut des hereinstürmenden Orkans hob uns fast vom Boden empor. Es war wirklich eine sturmrasende, aber doch sehr schöne Nacht, eine Nacht, die grausig seltsam war in Schrecken und in Pracht. Ganz in unserer Nachbarschaft musste sich ein Wirbelwind erhoben haben, denn die Windstöße änderten häufig ihre Richtung. Die ungewöhnliche Dichtigkeit der Wolken, die so tief hingen, als lasteten sie auf den Türmen des

Hauses, verhinderte nicht die Wahrnehmung, dass sie wie mit bewusster Hast aus allen Richtungen herbeijagten und ineinander stürzten – ohne aber weiterzuziehen.

Ich sage: Selbst ihre ungewöhnliche Dichtigkeit verhinderte uns nicht, dies wahrzunehmen – dennoch erblickten wir keinen Schimmer vom Mond oder von den Sternen – ebenso wenig aber einen Blitzstrahl. Doch die unteren Flächen der jagenden Wolkenmassen und alle uns umgebenden Dinge draußen im Freien glühten im unnatürlichen Licht eines schwach leuchtenden und deutlich sichtbaren gasartigen Dunstes, der das Haus umgab und einhüllte.

»Du darfst – du sollst das nicht sehen!«, sagte ich schaudernd zu Usher, als ich ihn mit sanfter Gewalt vom Fenster fort zu einem Sessel führte. »Diese Erscheinungen, die dich erschrecken, sind nichts Ungewöhnliches; es sind elektrische Ausstrahlungen – vielleicht auch verdanken sie ihr gespenstisches Dasein der schwülen Ausdünstung des Teiches. Wir wollen das Fenster schließen; die Luft ist kühl und dir sehr unzuträglich. – Hier ist eines deiner Lieblingsbücher. Ich will vorlesen, und du sollst zuhören; und so wollen wir diese fürchterliche Nacht zusammen verbringen.«

Der alte Band, den ich zur Hand genommen hatte, war der »Mad Trist« von Sir Launcelot Canning, aber ich hatte ihn mehr in traurigem Scherz als im Ernst Ushers Lieblingsbuch genannt; denn in Wahrheit ist in seiner ungefügen und fantasielosen Weitschweifigkeit wenig, was für den scharfsinnigen, idealen Geist meines Freundes von Interesse sein konnte. Es war jedoch das einzige Buch, das ich zur Hand hatte, und ich nährte eine schwache Hoffnung, der aufgeregte Zustand des Hypochonders möge Beruhigung finden (denn die Geschichte geistiger Zerrüttung weist solche Widersprüche auf) in den tollen Übertriebenheiten, die ich lesen wollte. Hätte ich wirklich aus der gespannten, ja leidenschaftlichen Aufmerksamkeit schließen dürfen, mit der er mir zuhörte – oder zuzuhören schien –, so hätte ich mir zu dem Erfolg meines Vorhabens Glück wünschen dürfen.

Ich war in der Erzählung bei der allbekannten Stelle angelangt, wo Ethelred, der Held des »Trist«, nachdem er vergeblich friedlichen Einlass in die Hütte des Klausners zu bekommen versucht hatte, sich anschickt, den Eintritt durch Gewalt zu erzwingen. Hier lautet der Text, wie man sich erinnern wird, so:

»Und Ethelred, der von Natur ein mannhaft Herz hatte und der nun, nachdem er den kräftigen Wein getrunken, sich unermesslich stark fühlte, begnügte sich nicht länger, mit dem Klausner Zwiespräch zu halten, der wirklich voll Trotz und Bosheit war, sondern da er auf seinen Schultern schon den Regen fühlte und den herannahenden Sturm fürchtete, schwang er seinen Streitkolben hoch hinaus und schaffte in den Planken der Tür schnell Raum für seine behandschuhte Hand; und nun fasste er derb zu und zerkrachte und zerbrach – und riss alles zusammen, dass der Lärm des dürren, dumpf krachenden Holzes durch den ganzen Wald schallte und widerhallte.«

Bei Beendigung dieses Satzes fuhr ich auf und hielt mit Lesen inne, denn es schien mir so (obwohl ich sofort überlegte, dass meine erhitzte Fantasie mich getäuscht haben müsse), als kämen aus einem ganz entlegenen Teile des Hauses Geräusche her, die ein vollkommenes, sehr fernes Echo hätten sein können von jenem Krachen und Bersten, das Sir Launcelot so charakteristisch beschrieben hatte. Zweifellos war es nur das Zusammentreffen irgendeines Geräusches mit meinen Worten, das meine Aufmerksamkeit gefesselt hatte. Denn inmitten des Rüttelns der Fensterläden und all der vielfältigen Lärmlaute des immer mehr anwachsenden Sturmes hatte der Laut an sich sicherlich nichts, was mich interessiert oder gestört haben könnte. Ich fuhr in der Erzählung fort:

»Aber als der werte Held Ethelred jetzt in die Tür trat, geriet er bald in Wut und Bestürzung, keine Spur des boshaften Klausners zu bemerken, sondern statt seiner einen ungeheuren schuppenrasselnden Drachen mit feuriger Zunge, der als Hüter vor einem goldenen Palast mit silbernem Fußboden ruhte. Und an der Mauer hing ein Schild aus schimmerndem Stahl, in den die Inschrift eingegraben war:

›*Wer hier herein will dringen, den Drachen muss er bezwingen;*
Ein Held wird er sein, den Schild sich erringen.‹

Und Ethelred schwang seinen Streitkolben und schmetterte ihn auf den Schädel des Drachen, der zusammenbrach und seinen übeln Odem aufgab und dieses mit einem so grässlichen und schrillen und durchdringenden Schrei, dass Ethelred sich gern die Ohren zugehalten hätte vor dem schrecklichen Laut, desgleichen hievor niemalen erhört gewesen war.«

Hier hielt ich wieder bestürzt inne – und diesmal mit schauderndem Entsetzen –, denn es konnte kein Zweifel bestehen, dass ich in diesem Augenblick (wennschon es mir unmöglich war anzugeben, aus welcher Richtung) einen dumpfen und offenbar entfernten, aber schrillen, langgezogenen, kreischenden Laut vernommen hatte – das vollkommene Gegenstück zu dem unnatürlichen Aufschrei des Drachen, wie der Dichter ihn beschrieb.

Trotzdem ich durch dies zweite und höchst seltsame Zusammentreffen erschreckt war und tausend widerstreitende Empfindungen, in denen Erstaunen und äußerstes Entsetzen vorherrschten, mich bestürmten, so hatte ich dennoch Geistesgegenwart genug, nicht etwa durch eine diesbezügliche Bemerkung die Nervosität meines Gefährten noch zu steigern. Ich war keineswegs sicher, dass er die infrage stehenden Laute vernommen hatte, obgleich allerdings während der letzten Minuten eine sonderbare Veränderung mit ihm vorgegangen war. Anfänglich hatte er mir gegenübergesessen, sodass ich ihm voll ins Gesicht sehen konnte; nach und nach aber hatte er seinen Stuhl so herumgedreht, dass er nun mit dem Gesicht zur Tür schaute. Ich konnte daher seine Züge nur teilweise erblicken, doch sah ich, dass seine Lippen zitterten, als flüstere er leise vor sich hin. Der Kopf war ihm auf die Brust gesunken, aber ich wusste, dass er nicht schlief, denn sein Profil zeigte mir seine weit und starr geöffneten Augen, und sein Oberkörper bewegte sich unausgesetzt sanft und einförmig hin und her. Dies alles hatte ich mit raschem Blick erfasst und nahm nun die Erzählung Sir Launcelots wieder auf:

»Und nun, da der Held der schrecklichen Wut des Drachen entronnen war und sich des stählernen Schildes erinnerte, dessen Zauber nun gebrochen, räumte er den Kadaver beiseite und schritt über das silberne Pflaster kühn hin zu dem Schild an der Wand. Der aber wartete nicht, bis er herangekommen war, sondern stürzte zu seinen Füßen auf den Silberboden nieder, mit gewaltig schmetterndem, furchtbar dröhnendem Getöse.«

Kaum hatten meine Lippen diese Worte gesprochen, da vernahm ich – als sei in der Tat ein eherner Schild schwer auf einen silbernen Boden gestürzt – deutlich, aber gedämpft einen metallisch dröhnenden Widerhall. Gänzlich entnervt sprang ich auf die Füße, aber die taktmäßige Schaukelbewegung Ushers dauerte fort. Ich stürzte zu dem Stuhl, in dem er saß. Sein Blick war stier geradeaus gerichtet, und sein Antlitz schien wie zu Stein erstarrt. Aber als ich die Hand auf seine Schulter legte, befiel ein heftiges Zittern seine ganze Gestalt; ein krankes Lächeln zuckte um seinen Mund, und ich sah, dass er leise, hastend und stotternd vor sich hin murmelte, als wisse er nichts von meiner Anwesenheit. Mich tief zu ihm hinabbeugend, trank ich schließlich den scheußlichen Sinn seiner Worte ein:

»Es nicht hören? – O, ich höre es wohl und habe es gehört. Lange – lange – lange – viele Minuten, viele Stunden, viele Tage habe ich es gehört – aber ich wagte nicht – o, bedaure mich – elender Schurke, der ich bin! – Ich wagte nicht, ich wagte nicht zu reden! Wir haben sie lebendig ins Grab gelegt! Sagte ich nicht, meine Sinne seien scharf? Ich sage dir jetzt, dass ich ihre ersten schwachen Bewegungen im dumpfen Sarge hörte. Ich hörte sie – vor vielen, vielen Tagen schon – dennoch wagte ich nicht – ich wagte nicht zu reden! Und jetzt – heute Nacht – Ethelred – ha! ha! – Das Aufbrechen der Tür des Klausners und der Todesschrei des Drachen und das Dröhnen des Schildes! – Sage lieber: das Zerbersten ihres Sarges, das Kreischen der eisernen Angeln ihres Gefängnisses und ihr qualvolles Vorwärtskämpfen durch den kupfernen Bogengang des Gewölbes. Oh, wohin soll ich fliehen? Wird sie nicht gleich hier sein? Wird sie nicht eilen, um mir meine Eile vorzuwerfen? Hörte ich nicht schon ihren Tritt auf der Treppe? Kann ich nicht schon das schwere und schreckliche Schlagen ihres Herzens vernehmen? Wahnsinniger!« – hier sprang er wie rasend auf und kreischte, als wolle er mit diesen Worten seine Seele hinausbrüllen – »Wahnsinniger! Ich sage dir, dass sie jetzt draußen vor der Tür steht!«

Als läge in der übermenschlichen Kraft dieses Ausrufes die Macht eines Zaubers – so rissen jetzt die riesigen alten Türflügel, auf die der Sprecher hinzeigte, ihre gewaltigen, ebenholzenen Kinnladen auf. Es war das Werk des rasenden Sturmes – aber siehe! Draußen vor der Tür stand leibhaftig die hohe, ins Leinentuch gehüllte Gestalt der Lady Magdalen Usher. Es war Blut auf ihrer weißen Gewandung, und die Spuren eines erbitterten Kampfes waren überall an ihrem abgezehrten Körper zu erkennen. Einen Augenblick blieb sie zitternd und taumelnd auf der Schwelle stehen – dann fiel sie mit einem leisen schmerzlichen Aufschrei ins Zimmer auf den Körper ihres Bruders – und in ihrem heftigen und nun endgültigen Todeskampf riss sie ihn tot zu Boden – ein Opfer der Schrecken, die er vorausempfunden hatte.

Wie verfolgt entfloh ich aus diesem Gemach und diesem Hause. Draußen tobte das Unwetter in unverminderter Heftigkeit, als ich den alten Teichdamm kreuzte. Plötzlich schoss ein unheimliches Licht quer über den Pfad, und ich blickte zurück, um zu sehen, woher ein so ungewöhnlicher Glanz kommen könne, denn hinter mir lagen allein das weite Schloß und seine Schatten. Der Strahl war Mondglanz, und der volle, untergehende, blutrote Mond schien jetzt hell durch den einst kaum wahrnehmbaren Riss, von dem ich bereits früher sagte, dass er vom Dach des Hauses im Zickzack bis zum Erdboden lief. Während ich hinstarrte, erweiterte sich dieser Riss mit unheimlicher Schnelligkeit, ein wütender Stoß des Wirbelsturms kam, das volle Rund des Satelliten wurde in dem breit aufgerissenen Spalt sichtbar; mein Geist wankte, als ich jetzt die gewaltigen Mauern auseinanderbersten sah; es folgte ein langes, tosendes Krachen wie das Getöse von tausend Wasserfällen, und der tiefe und schwarze Teich zu meinen Füßen schloss sich finster und schweigend über den Trümmern des Hauses Usher.

DIE LÄNGLICHE KISTE

Vor einigen Jahren war es, als ich einen Platz auf dem beliebten Paketboot »Unabhängigkeit«, Kapitän Hardy, von Charleston, Süd-Karolina, nach Neuyork belegte. Wir sollten, falls das Wetter es zuließ, am fünfzehnten Juni absegeln; am vierzehnten ging ich an Bord, um in meiner Kabine allerlei vorzubereiten.

Ich sah, dass wir sehr viele Passagiere haben würden, vor allem viele Damen. Die Passagierliste wies mehrere Bekannte von mir auf, und unter anderen Namen entdeckte ich mit Freuden den des Herrn Cornelius Wyatt, eines jungen Künstlers, für den ich warme Freundschaft empfand. Er war auf der Universitätsstadt C. mein Studiengenosse gewesen, und wir waren damals sehr viel zusammen gewesen. Wie die meisten begabten Menschen war er ein wenig menschenfeind, empfindsam und begeisterungsfähig. Mit diesen Eigenschaften verband er das wärmste und treueste Herz, das je in einer Menschenbrust geschlagen hat.

Ich bemerkte, dass *drei* Kabinen mit seinem Namen belegt waren; und als ich nochmals die Passagierliste durchging, fand ich, dass er für sich, seine Frau und seine zwei Schwestern Plätze belegt hatte. Die Kabinen waren ausreichend geräumig, und eine jede hatte zwei Schlafkojen, eine über der anderen. Diese Kojen waren freilich so eng, dass sie nur für eine Person ausreichten; dennoch konnte ich nicht begreifen, warum für diese vier Personen drei Kabinen nötig waren. Ich befand mich zu jener Zeit gerade in solch einer grüblerischen Stimmung, in der man sich über Kleinigkeiten Gedanken macht, und beschämt gestehe ich ein, dass ich mich mit einer Menge alberner und unangebrachter Vermutungen betreffs der überzähligen Kabine abgab. Selbstredend ging mich die Sache gar nichts an, doch mit umso größerer Hartnäckigkeit versuchte ich das Rätsel zu lösen. Schließlich fand ich eine Antwort dafür, von der ich nicht begriff, dass sie mir nicht schon früher gekommen war.

»Es ist natürlich ein Dienstbote,« sagte ich, »wie dumm von mir, dass mir so etwas Naheliegendes nicht früher eingefallen ist!« Und dann blickte ich wieder in die Liste – doch hier sah ich deutlich, dass die Familie *keinen* Dienstboten mitzunehmen gedachte, obgleich man zuerst offenbar diese Absicht gehabt hatte – denn die Worte »und Zofe« waren hingeschrieben und wieder durchgestrichen worden. »Aha, Extragepäck!«, sprach ich bei mir – »irgendetwas, das er nicht in den Gepäckraum geben möchte – etwas, das er im Auge behalten möchte ... Ha, ich hab's – ein Bild oder dergleichen – und das ist es wohl auch, worüber er mit Nicolino, dem italienischen Juden, verhandelt hat!« Diese Idee befriedigte mich, und so gab ich also für diesmal meine Neugier auf.

Die beiden Schwestern Wyatts kannte ich recht gut, es waren sehr liebenswürdige und gescheite junge Mädchen. Seine Frau hatte er erst kürzlich geheiratet, und ich hatte sie bisher noch nicht gesehen. Er hatte mir aber oft in seiner üblichen begeisterten Art von ihr erzählt. Er nannte sie hervorragend schön, klug und gebildet. Ich war daher, wie man verstehen kann, sehr begierig, ihre Bekanntschaft zu machen.

Am Tage, da ich das Schiff besuchte (am vierzehnten also), sollten auch Wyatt und Familie zur Besichtigung kommen – so hatte der Kapitän mir gesagt –, und ich brachte eine Stunde mehr als beabsichtigt an Bord zu, in der Hoffnung, der jungen Frau vorgestellt zu werden; doch da kam eine Botschaft, Frau Wyatt fühle sich ein wenig unpässlich und ziehe es vor, erst morgen, zur Stunde der Abfahrt, an Bord zu kommen.

Am andern Tag begab ich mich von meinem Hotel zum Hafen, als Kapitän Hardy mir begegnete und sagte, er vermute, dass die »Unabhängigkeit« umständehalber (eine dumme, aber gebräuchliche Phrase) erst in ein oder zwei Tagen absegeln werde, und dass er mir Nachricht zukommen lassen wolle, sobald alles in Ordnung sei.

Das schien mir seltsam, denn wir hatten einen steifen Südwind. Da aber die »Umstände« nicht verraten wurden, trotzdem ich mit großer Ausdauer ihnen auf den Grund zu kommen suchte, so konnte ich nichts weiter tun, als wieder nach Hause gehen und meine Ungeduld bezähmen.

Eine Woche lang wartete ich vergeblich auf des Kapitäns versprochene Nachricht. Schließlich kam sie aber, und ich ging sogleich an Bord. Das Schiff wimmelte von Passagieren und alles war geschäftig bei den letzten Vorbereitungen. Die Familie Wyatt traf etwa zehn Minuten nach mir ein. Da waren die beiden Schwestern, die junge Frau und der Künstler – der Letztere in einer seiner menschenfeindlichen Stimmungen. An diese war ich jedoch zu sehr gewöhnt, als dass ich ihnen besondere Aufmerksamkeit geschenkt hätte. Er stellte mich nicht einmal seiner Frau vor, sodass diese Höflichkeitsform notgedrungen seiner Schwester Marianne zufiel – einem sehr lieben und klugen Mädchen, das uns mit wenigen Worten miteinander bekannt machte.

Frau Wyatt war dicht verschleiert; und als sie nun den Schleier hob, um meinen Gruß zu erwidern, erfasste mich, ich muss es bekennen, große Bestürzung. Diese wäre wohl noch größer gewesen, hätten mich nicht lange Erfahrungen gelehrt, den enthusiastischen Beschreibungen meines Freundes, des Malers, in Hinsicht auf Frauenschönheit keine allzu große Bedeutung beizumessen.

Ich wusste gut, dass er mit vollen Segeln ins Land der reinen Ideale schiffte, wenn es sich um Schönheit handelte.

Um die Wahrheit zu sagen: Mir schien Frau Wyatt ein sehr gewöhnliches Äußeres zu haben; wenn sie auch nicht hässlich war, so war sie doch, nach meiner Ansicht, nicht weit davon. Sie kleidete sich indessen äußerst geschmackvoll – auch zweifelte ich nicht, dass sie meines Freundes Herz wahrscheinlich mehr durch hervorragende Gaben des Geistes und der Seele gewonnen hatte. Sie sprach nur ganz wenige Worte und begab sich sogleich mit Herrn Wyatt in ihre Kabine.

Die Neugier packte mich wieder. Sie hatten *keinen* Dienstboten bei sich – das war Tatsache. Ich forschte also nach dem Extragepäck. Nach einiger Zeit hielt ein Karren am Kai, beladen mit einer länglichen Kiste aus Tannenholz – und das war alles, worauf wir noch gewartet hatten. Gleich nachdem sie verladen war, stachen wir in See, hatten in kurzer Zeit den Hafen hinter uns und segelten ins offene Meer hinaus.

Die fragliche Kiste war, wie ich schon sagte, länglich. Sie war etwa sechs Fuß lang und zweiundeinhalb Fuß breit; ich betrachtete sie aufmerksam und so genau wie möglich. Diese Form war entschieden *sonderbar*, und kaum hatte ich sie bemerkt, als ich mir zu meinem Scharfsinn gratulierte.

Man wird sich erinnern, dass ich zu der Schlussfolgerung gekommen war, das Extragepäck meines Freundes, des Künstlers, würde aus Bildern oder zum wenigsten aus einem Bilde bestehen; denn ich wusste, dass er wochenlang mit Nicolino in Verhandlungen gestanden hatte. Hier war nun eine Kiste, die ihrer Form nach einfach nichts anderes enthalten *konnte* als eine Kopie von Leonardos »Abendmahl«. Und eine Kopie gerade dieses »Abendmahls«, von Rubini dem Jüngeren aus Florenz, war, wie ich wusste, eine Zeit lang in Nicolinos Besitz gewesen. Diese Sache schien mir also zur Genüge aufgeklärt. Ich frohlockte über meine Scharfsinnigkeit. Es war das erste Mal, dass Wyatt in künstlerischen Dingen ein Geheimnis vor mir hatte; aber hier hatte er offenbar vor, mir einen glücklichen Kauf zu verschweigen und vor meinen Augen ein erstklassiges Gemälde nach Neuyork einzuschmuggeln, in der Erwartung, dass ich von der Sache nichts erfahren würde. Ich beschloss, ihn jetzt und später gehörig damit aufzuziehen.

Etwas jedoch beunruhigte mich nicht wenig. Die Kiste kam nicht in die Extrakabine, sie wurde in Wyatts eigener Kajüte niedergestellt, und dort blieb sie und nahm fast den ganzen Fußboden ein, gewiss eine große Unbequemlichkeit für den Künstler und seine Frau – und dies wohl umso mehr, als der Lack oder die Farbe der Aufschrift auf der Kiste einen strengen, unangenehmen und für *meine* Begriffe geradezu ekelerregenden Geruch ausströmte. Auf dem Deckel standen die Worte: »Frau Adelaide Curtis, Albany, Neuyork. Gepäck von Cornelius Wyatt. Hier öffnen. Vorsicht!«

Nun wusste ich, dass Frau Adelaide Curtis in Albany des Künstlers Schwiegermutter war; doch ich hielt die ganze Aufschrift für eine Mystifikation, durch die besonders *ich* irregeführt werden sollte. Ich sagte mir natürlich, dass die Kiste und ihr Inhalt nie weiter als bis ins Arbeitszimmer meines Freundes, des Misanthropen, in der Chamberstreet, Neuyork, gelangen würden.

Die ersten drei oder vier Tage hatten wir schönes Wetter, aber keinen Wind; wir hatten uns gleich beim Verlassen der Küste dem Norden zugewandt. Die Passagiere waren in heiterer Laune und geneigt, Bekanntschaften anzuknüpfen. Ich muss jedoch Wyatt und seine Schwestern ausnehmen, die sich zurückhaltend und den Mitreisenden gegenüber fast unhöflich benahmen. Wyatts Betragen beachtete ich weniger. Er war noch griesgrämiger als sonst – aber bei ihm war ich auf Übertriebenheiten gefasst. Für die Schwestern jedoch fand ich keine Entschuldigung. Sie zogen sich fast während der ganzen Dauer der Fahrt in ihre Kabinen zurück und weigerten sich, obgleich ich ihnen wiederholt zusetzte, mit irgendwem an Bord in Beziehung zu treten.

Frau Wyatt selbst war weit liebenswürdiger, das heißt, sie war *geschwätzig*; und Geschwätzigkeit ist auf See keine schlechte Empfehlung. Sie wurde mit den meisten Damen ganz außerordentlich intim und bezeigte zu meiner tiefsten Verwunderung nicht wenig Lust, mit den Männern zu kokettieren. Sie amüsierte uns alle sehr. Ich sage amüsierte – und weiß kaum mich anders auszudrücken. In Wahrheit sah ich bald, dass man weit öfter *über* Frau Wyatt als *mit* ihr lachte. Die Männer sprachen wenig über sie; die Frauen aber nannten sie bald ein gutherziges, doch recht unbedeutendes und unerzogenes Ding – und sehr gewöhnlich. Es war ein Wunder, wie Wyatt eine solche Verbindung hatte eingehen können. Der zunächst liegende Gedanke wäre gewesen, dass es eine Geldheirat sei – aber ich wusste, diese Annahme war irrig; denn Wyatt hatte mir gesagt, dass sie ihm nicht einen Dollar mitgebracht, noch irgendwoher etwas zu erwarten hatte. Er habe, sagte er, aus Liebe und nur aus Liebe geheiratet; und seine Braut sei mehr als seiner Liebe würdig. Wenn ich an diese Äußerungen meines Freundes dachte, so schien mir die Lösung des Rätsels immer verhängnisvoller. Konnte es möglich sein, dass er daran war, den Verstand zu verlieren? Was sonst sollte ich annehmen? Er, der so empfindsam, so geistvoll, so wählerisch war, er, der einen so ausgesprochenen Abscheu vor allem Falschen, Unechten hatte und eine so starke Vorliebe für alles Schöne! Gewiss, sie war sehr eingenommen von ihm – besonders in seiner Abwesenheit – wo sie sich oft lächerlich machte durch die neugierige Frage, was ihr »geliebter Gatte, Herr Wyatt« gesagt habe. Das Wort »Gatte« schien ihr stets – um mit ihren eigenen beliebten Worten zu reden – »auf der Zunge zu liegen«. Indessen hatten alle an Bord bemerkt, dass er ihr auswich, so viel er konnte, und die meiste Zeit allein in seiner Kabine verbrachte; ja, man kann sagen, dass er fast ganz dort lebte, indem er seiner Frau alle Freiheit ließ, sich nach Wohlgefallen im großen Salon mit den anderen zu unterhalten. Meine Schlussfolgerung aus dem, was ich sah und hörte, war die: Der Künstler hatte aus irgendeiner Laune des Schicksals oder vielleicht in einem Anfall von Begeisterung und toller Leidenschaft die Dummheit begangen, sich mit einer weit unter ihm stehenden Person zu verbinden, und die natürliche Folge, Abscheu und Ekel, war nun eingetreten. Ich bemitleidete ihn aus tiefstem Herzen – konnte ihm aber aus jenem Grunde doch nicht ganz seine Verschlossenheit in Sachen des »Heiligen Abendmahls« verzeihen. Hierfür beschloss ich Rache zu nehmen.

Eines Tages, als er auf Deck kam, nahm ich ihn beim Arm und schritt mit ihm auf und ab. Er schien – wie ich das unter den vorliegenden Umständen auch nicht anders erwartete – in unverändert düsterer Stimmung. Er sprach nur wenig und missgelaunt und mit sichtlicher Anstrengung. Ich versuchte zu scherzen, und er machte einen schwachen Versuch zu einem Lächeln. Armer Kerl! Wenn ich an seine Frau dachte, verwunderte es mich geradezu, dass er es überhaupt bis zu dem Versuch eines Lächelns brachte. Schließlich wagte ich einen Vorstoß. Ich beschloss eine Reihe versteckter Andeutungen oder Vermutungen hinsichtlich der länglichen Kiste fallen zu lassen – gerade ausreichend für ihn, wahrzunehmen, dass ich nicht so völlig die Zielscheibe seiner kleinen, liebenswürdigen Mystifikation geworden war. Zunächst beabsichtigte ich aus dem Hinterhalt vorzugehen. Ich sagte etwas über die »sonderbare Form *jener* Kiste«; und während ich das sagte, lächelte ich verständnisvoll, zwinkerte mit den Augen und stieß ihn sanft mit dem Zeigefinger in die Rippen.

Die Art und Weise, in der Wyatt diesen harmlosen Spaß aufnahm, überzeugte mich sofort, dass er irrsinnig war. Zuerst starrte er mich an, als sei es ihm unmöglich, den Sinn meiner Bemerkung zu erfassen; schließlich aber war er doch allmählich in sein

Hirn eingedrungen, und je mehr und mehr das geschah, desto weiter traten seine Augen aus den Höhlen. Dann wurde er sehr rot, dann entsetzlich bleich, dann, als amüsiere mein Ausspruch ihn höchlich, begann er laut und gewaltsam zu lachen – das tat er mit immer größerer Heftigkeit zehn Minuten lang oder mehr. Endlich fiel er der Länge nach schwerfällig aufs Deck nieder. Als ich hinzueilte, um ihn aufzuheben, schien es, als sei er tot.

Ich rief Hilfe herbei, und mit großer Mühe brachten wir ihn wieder zu sich. Als er erwachte, redete er zunächst irre. Schließlich ließen wir ihn zur Ader und brachten ihn zu Bett. Am andern Morgen hatte er sich wieder ganz erholt – soweit es seine leibliche Gesundheit betraf. Von seinem geistigen Zustand sage ich selbstredend nichts. Auf Anraten des Kapitäns, der meine Anschauung über sein Leiden völlig teilte, mir aber riet, keinem Menschen an Bord etwas davon zu sagen, mied ich für den Rest der Überfahrt seine Gesellschaft.

Kurz nach diesem Anfall Wyatts ereignete sich allerlei, was die Neugier, die mich erfüllte, noch steigerte. Unter anderem dies: Ich war sehr nervös gewesen, hatte zu viel starken grünen Tee getrunken und hatte daher eine schlechte Nacht. – Richtiger gesagt waren es zwei Nächte, in denen ich fast gar nicht schlief. Nun führte die Tür meiner Kabine in die Hauptkajüte oder den Speisesaal, wie alle einschläfrigen Kabinen an Bord. Wyatts drei Räume befanden sich in der Nebenkajüte, die von dem Hauptraum durch eine leichte Gleittür getrennt war; diese Tür war aber nie verschlossen, selbst des Nachts nicht. Da wir fast immer guten, ja sogar kräftigen Wind hatten, so neigte sich das Schiff sehr erheblich leewärts; und immer, wenn das Steuerbord leewärts lag, glitt die Türe zwischen den zwei Kajüten auf und blieb offen stehn, da niemand sich die Mühe nahm, aufzustehen und sie zu schließen. Wenn nun meine eigene Kabinentür ebenso wie die erwähnte Gleittür offen stand (und meine eigene Tür war wegen der großen Hitze immer offen), so konnte ich von meinem Lager aus ganz deutlich die Nebenkajüte überblicken und auch jenen Teil, wo sich die Kabinen Wyatts befanden. Da sah ich nun in zwei nicht aufeinanderfolgenden Nächten, wie gegen elf Uhr Frau Wyatt vorsichtig aus der Kabine Herrn Wyatts herauskam und die Extrakabine betrat, wo sie bis Tagesanbruch verblieb. Um diese Zeit wurde sie von ihrem Gatten gerufen und kehrte zu ihm zurück. Dass sie tatsächlich getrennt lebten, war mir nun klar. Sie hatten getrennte Zimmer – zweifellos, weil sie eine dauerndere Trennung beabsichtigten; hier also, dachte ich, liegt das Geheimnis der Extrakabine. Da war noch ein weiterer Umstand, der mich sehr interessierte. In den zwei genannten Nächten und kurz nachdem Frau Wyatt in der Extrakabine verschwunden war, wurde meine Aufmerksamkeit von eigentümlichen, behutsamen, wie absichtlich gedämpften Geräuschen aus dem Zimmer ihres Gatten gefesselt. Nachdem ich eine Zeit lang aufmerksam gelauscht hatte, gelang es mir schließlich, ihre Bedeutung festzustellen. Es waren Geräusche, die der Maler durch Öffnen der länglichen Kiste mithilfe von Meißel und Hammer verursachte; die Schläge des Letzteren suchte er offenbar dadurch zu dämpfen, dass er das Eisen mit weichem Stoff umhüllt hatte.

Ich glaubte sogar den Augenblick feststellen zu können, in dem er den Deckel völlig abgelöst hatte, – auch konnte ich deutlich hören, wie er ihn abhob und auf das untere Bett der Kajüte hinlegte. Letzteres z. B. erriet ich aus dem leichten Anstoßen des Deckels gegen die Holzleisten des Bettes bei den Versuchen, ihn recht leise niederzulegen; auf dem Fußboden war kein Raum dafür. Danach trat Totenstille ein, und bis zum Morgengrauen war nicht das Geringste mehr zu hören – es sei denn ein leises Seufzen und Murmeln, das aber beinahe unhörbar war, falls es nicht überhaupt nur in meiner Einbildung bestand. Ich sage, es schien ein Seufzen oder Schluchzen zu sein, aber natürlich war das ausgeschlossen. Ich glaube eher, dass es ein Klingen in meinen eigenen Ohren war.

Herr Wyatt ließ sicherlich nur einem seiner Steckenpferde die Zügel schießen – in irgendeinem Anfall von Kunstbegeisterung. Er hatte seine längliche Kiste geöffnet, um seine Augen auf dem Kunstschatz da drinnen ruhen zu lassen. Und so etwas konnte ihn doch nicht zum Schluchzen bringen! Ich wiederhole daher, dass es lediglich eine Vorspiegelung meiner eigenen Fantasie gewesen sein muss, die Kapitän Hardys grüner Tee allzu sehr angeregt hatte. In jeder der beiden erwähnten Nächte hörte ich beim Morgengrauen deutlich, wie Herr Wyatt den Deckel der länglichen Kiste wieder schloss und die Nägel mithilfe des umwickelten Hammers wieder in ihre Löcher schlug. Nachdem er dies getan, kam er völlig angekleidet aus seiner Kabine heraus und rief Frau Wyatt aus der ihrigen.

Unsere Seefahrt hatte schon sieben Tage gedauert, und wir ließen nun Kap Hatteras hinter uns, als ein ungemein heftiger Südweststurm einsetzte. Wir waren allerdings darauf vorbereitet gewesen, da das Wetter schon seit einiger Zeit bedrohlich ausgesehen hatte. Oben und unten wurde alles gut festgemacht; und da der Wind ständig zunahm, lagen wir schließlich unter Giek- und Vorbramsegel, beide doppelt gerefft.

In dieser Verfassung schwammen wir, leidlich sicher, achtundvierzig Stunden dahin, und das Schiff bewährte sich in vieler Hinsicht vorzüglich; das eindringende Wasser war nicht von Bedeutung. Nach dieser Zeit aber wurde der Sturm zum Orkan und unser Hintersegel ging in Fetzen, wodurch wir so tief ins Wasser gerieten, dass wir kurz hintereinander ein paar gewaltige Sturzseen schluckten. Bei dieser Gelegenheit verloren wir drei Mann über Bord, mitsamt der Kombüse, und fast die ganze Backbord-Schanzkleidung. Kaum waren wir wieder bei Sinnen, als das Vormarssegel in Fetzen ging; wir hissten nun ein Notsegel, und ein paar Stunden ging alles gut, da das Schiff den Wellen jetzt viel ruhiger als vorher begegnen konnte.

Der Sturmwind blieb jedoch derselbe, und keine Verminderung war wahrzunehmen. Die Takelage war nicht mehr in Ordnung, sondern völlig verwirrt; und am dritten Tage des Sturmes ging gegen fünf Uhr nachmittags bei einem plötzlichen Stoß unser Besan-Mast über Bord. Mehr als eine Stunde mühten wir uns vergeblich, ihn loszubekommen, denn das Schiff schlingerte gewaltig, und ehe wir unsern Zweck erreicht hatten, kam der Zimmermann herbei und verkündete, dass der Schiffsraum vier Fuß unter Wasser stehe. Zum Überfluss waren die Pumpen verstopft und fast unbrauchbar.

Alles war nun Entsetzen und Verwirrung – doch machte man einen Versuch, das Schiff zu erleichtern, indem man alle erreichbare Ladung über Bord warf und die zwei noch übrig gebliebenen Mastbäume absägte. Das gelang uns endlich; an den Pumpen aber konnten wir immer noch nicht arbeiten, und inzwischen wurde das Leck schnell größer.

Bei Sonnenuntergang hatte der Sturm an Heftigkeit nachgelassen, und da auch das Meer sich etwas beruhigte, so gewann die Hoffnung Raum, dass wir uns in den Booten retten könnten. Um acht Uhr zerstreuten sich die Wolken, und wir hatten glücklicherweise Vollmond – ein Umstand, der unsere gesunkenen Lebensgeister wundervoll auffrischte.

Nach unglaublicher Arbeit gelang es uns schließlich, das große Boot ohne wesentlichen Unfall an der Schiffswand herunterzulassen, und die ganze Schiffsmannschaft und der größte Teil der Passagiere drängte sich darin zusammen. Dieses Boot entfernte sich sofort und erreichte schließlich nach vielen Leiden seiner Insassen am dritten Tage nach dem Unfall Ocracoke Inlet.

Vierzehn Passagiere und der Kapitän waren noch an Bord; sie wollten ihr Glück in der kleinen Jolle vom Heck versuchen. Wir brachten sie ohne Schwierigkeiten ins Wasser, wenngleich es uns nur durch ein Wunder gelang, sie so hinunter zu bringen, dass sie nicht gleich umschlug. Als sie abstieß, trug sie den Kapitän und seine Frau, Herrn Wyatt und Familie, einen mexikanischen Offizier mit Frau und vier Kindern und mich selbst mit einem Neger, meinem Diener.

Wir hatten natürlich für nichts weiter Raum als für die allernötigsten Hilfsmittel, etwas Proviant und die Kleider, die wir trugen. Niemand hätte auch nur den Versuch gemacht, irgendetwas anderes zu retten. Man kann sich also das Erstaunen aller denken, als Herr Wyatt, nachdem wir uns ein paar Faden vom Schiff entfernt hatten, von der Bank aufstand und Kapitän Hardy kühl aufforderte, das Boot umkehren zu lassen, um seine längliche Kiste einzunehmen!

»Setzen Sie sich, Herr Wyatt«, erwiderte der Kapitän ziemlich streng, »Sie werden uns umwerfen, wenn Sie nicht ganz still sitzen. Unser Dollbord ist schon beinahe im Wasser.«

»Die Kiste!«, rief Herr Wyatt, der noch immer stand – »die Kiste, sage ich! Kapitän Hardy, Sie können, Sie *werden* mir das nicht weigern! Das Gewicht ist eine Kleinigkeit, ein Nichts – wirklich ein Nichts. Bei dem Andenken Ihrer Mutter – bei der Liebe des Himmels – bei Ihrem Glauben – bei Ihrer Hoffnung auf die ewige Seligkeit *beschwöre* ich Sie umzukehren und die Kiste zu holen!« Für einen Augenblick schien es, als sei der Kapitän von dem ernsten Ersuchen des Künstlers gerührt, aber er gewann seine strenge Haltung zurück und sagte nur:

»Herr Wyatt, Sie sind *toll*! Ich darf Ihnen nicht nachgeben. Setzen Sie sich hin, sage ich, oder Sie werden das Boot zum Kentern bringen. Halt – haltet ihn – greift ihn! Er springt über Bord! Da – ich wusste es, es ist geschehen!«

Bei diesen Worten des Kapitäns war Herr Wyatt tatsächlich über Bord gesprungen; wir befanden uns gerade leewärts vom Wrack, und seinen beinahe übermenschlichen Anstrengungen gelang es, ein Seil zu erfassen, das an der Bordwand herabhing.

Einen Moment darauf war er an Bord und stürzte wie rasend in die Kabine hinunter.

Inzwischen waren wir hinter das Schiff und von der Leeseite abgetrieben worden und sahen uns nun ganz dem ungeheuer stürmenden Meer überlassen. Mit letzter Anstrengung versuchten wir zurückzukommen, aber unser kleines Boot war in dem Wüten des Sturms nur wie eine winzige Feder. Wir übersahen mit einem Blick, dass das Schicksal des Künstlers besiegelt war. Als unsere Entfernung vom Wrack schnell zunahm, sahen wir, dass der Rasende (denn dafür mussten wir ihn halten) die Kajütentreppe heraufkam; mit gigantischer Kraft schleppte er die längliche Kiste mit sich. Während wir in maßlosem Erstaunen hinblickten, ergriff er ein drei Zoll dickes Seil, schlang es um die Kiste und dann um seinen Leib. Im nächsten Augenblick waren beide, Mensch und Kiste, im Meer; sie verschwanden sofort und für immer.

Wir stoppten trostlos die Ruder und unsere Augen hingen an der Stelle, wo der Mann versunken war. Schließlich ruderten wir fort.

Eine Stunde lang herrschte völliges Schweigen. Endlich wagte ich eine Bemerkung.

»Haben Sie beobachtet, Kapitän, wie plötzlich sie sanken? War das nicht äußerst merkwürdig? Ich gestehe, dass ich ein wenig Hoffnung auf seine Rettung hatte, als ich sah, dass er sich an die Kiste band und dem Meere anvertraute.«

»Sie *mussten* sinken«, erwiderte der Kapitän, »und schnell wie ein Schuss. Sie werden aber bald wieder auftauchen, allerdings nicht eher, als bis das Salz sich auflöst.«

»Das Salz?«, rief ich aus.

»Still!«, sagte der Kapitän, auf Wyatts Frau und Schwestern deutend. »Wir müssen zu gelegenerer Zeit von diesen Dingen reden.«

Wir hatten viel zu erdulden und kamen kaum mit dem Leben davon; doch das Glück war uns günstig, uns wie auch den Kameraden im Langboot. Wir landeten endlich nach vier verzweifelten Tagen mehr tot als lebendig an der Küste gegenüber der Roanoke-Insel. Hier blieben wir eine Woche, wurden von den Stranddieben leidlich gut aufgenommen, und es glückte uns schließlich, eine Überfahrt nach Neuyork zu erlangen.

Etwa einen Monat nach dem Untergang der »Unabhängigkeit« begegnete ich zufällig dem Kapitän Hardy auf dem Broadway. Unsere Unterhaltung drehte sich natürlich um das Unglück und besonders um das traurige Schicksal des armen Wyatt. Danach erfuhr ich folgende Einzelheiten:

Der Künstler hatte für sich, seine Frau, seine zwei Schwestern und eine Dienerin die Überfahrt belegt. Sein Weib war tatsächlich, wie man sie mir geschildert hatte, eine liebreizende und gebildete Frau. Am Morgen des vierzehnten Juni (dem Tag, an dem ich zum ersten Mal das Schiff besuchte) erkrankte die Dame plötzlich und starb. Der junge Gatte raste vor Schmerz – zwingende Gründe aber erforderten seine sofortige Abreise nach Neuyork. Es war nötig, den Leichnam seiner angebeteten Frau ihrer Mutter zuzuführen, andererseits aber scheute er das allgemeine Vorurteil, das ihm verbot, dies öffentlich zu tun. Neun Zehntel der Passagiere hätten lieber das Schiff verlassen, als dass sie die Fahrt mit einem Leichnam an Bord gemacht hätten.

In diesem Dilemma ordnete Kapitän Hardy an, der Leichnam solle flüchtig einbalsamiert und mit einer großen Menge Salz in eine passende Kiste gelegt und als Handelsware an Bord geschafft werden. Vom Tode der Frau durfte nichts verlauten; und da es bekannt war, dass Herr Wyatt auch für diese die Überfahrt bestellt hatte, so ergab sich die Notwendigkeit, dass irgendjemand während der Reise ihre Stelle einnehmen musste. Die Zofe der Verstorbenen war leicht dazu zu bewegen. Die Extrakabine, die ursprünglich für dieses Mädchen bestimmt gewesen war, wurde nun des Nachts als Schlafraum für die Pseudofrau benutzt. Bei Tage spielte sie, so gut sie das eben konnte, die Rolle ihrer Herrin – deren Persönlichkeit, wie man sich vorher vergewissert hatte, niemand an Bord bekannt war. Meine eigenen Fehlschlüsse entsprangen, natürlich genug, einem zu oberflächlichen, zu neugierigen und zu impulsiven Temperament. In letzter Zeit aber habe ich nachts nur noch selten einen festen Schlaf. Was ich auch tue – da ist ein Antlitz, das mich verfolgt, und ein hysterisches Lachen, das mir für immer in den Ohren gellen wird.

LEBENDIG BEGRABEN

Es gibt Themen, die für unsern Geist stets von Interesse sein werden, die aber zu entsetzlich sind, als dass die Dichtung sie behandeln könnte. Der Romanschreiber muss sie vermeiden, wenn er nicht in die Gefahr geraten will, Abscheu und Ekel zu erwecken. Sie sind nur dann möglich, wenn Ernst und Majestät des Todes sie heiligen und stützen. Welch »angenehmes Gruseln« fühlen wir z. B. bei dem Bericht des Überganges über die Beresina, des Erdbebens von Lissabon, der Pest in London, der Metzeleien der Bartholomäusnacht oder des Erstickungstodes der hundertdreiundzwanzig Gefangenen im »Schwarzen Loch« von Kalkutta. Doch in allen diesen Berichten ist es die Tatsache – ist es die Wirklichkeit – das geschichtliche Ereignis, das aufregt. Als Dichtungen würden wir sie nur mit Abscheu betrachten.

Ich habe hier einige wenige der großen und folgenreichen Unglücksfälle erwähnt; in diesen aber ist es ebenso sehr die Größe wie die Art des Unglücks, was auf unsere Fantasie so lebhaften Eindruck macht. Ich brauche dem Leser nicht vorzuhalten, dass ich aus dem langen und schaurigen Register menschlichen Elends manchen Einzelfall hätte herausgreifen können, der leidvoller gewesen ist als irgendeiner dieser Massentode. Das wahre Elend – das tiefste Weh – erlebt der Einzelne, nicht die Gesamtheit. Und dass das Fürchterlichste, der Todeskampf, vom Einzelnen und nicht von der Gesamtheit getragen wird – dafür lasst uns dem barmherzigen Gott danken!

Lebendig begraben zu werden, ist ohne Frage die grauenvollste aller Martern, die je dem Sterblichen beschieden wurde. Dass es häufig, sehr häufig vorgekommen ist, wird von keinem Denkenden bestritten werden. Die Grenzen, die Leben und Tod scheiden, sind unbestimmt und dunkel. Wer kann sagen, wo das eine endet und das andere beginnt? Wir wissen, dass es Krankheitsfälle gibt, in denen ein völliger Stillstand all der sichtbaren Lebensfunktionen eintritt, und dennoch ist dieser Stillstand nur eine Pause, nur ein zeitweiliges Aussetzen des unbegreiflichen Mechanismus. Einige Zeit vergeht – und eine unsichtbare, geheimnisvolle Ursache setzt die zauberhaften Schwingen, das gespenstische Räderwerk wieder in Bewegung. Die silberne Saite war nicht zerrissen, der goldene Bogen war nicht unrettbar zerbrochen. Wo aber war währenddessen die Seele?

Doch abgesehen von der logischen Schlussfolgerung *a priori*, dass solche Ereignisse auch ihre Folgen haben müssen, dass diese wohlbekannten Fälle von Scheintod selbstredend hier und da zu einem vorzeitigen Begräbnis führen müssen, – abgesehen von dieser Betrachtung haben wir das direkte Zeugnis der Ärzte und der Erfahrung als Beweis, dass zahlreiche solcher Begräbnisse stattgefunden haben. Ich kann auf Verlangen sofort hundert authentisch erwiesene Fälle anführen. Einer derselben, dessen eigenartige Umstände einigen meiner Leser noch frisch im Gedächtnis sein dürften, ereignete sich vor nicht allzu langer Zeit in der benachbarten Stadt Baltimore, wo er in allen Kreisen tiefe und schmerzliche Aufregung hervorrief.

Die Frau eines der angesehensten Bürger – berühmten Advokaten und Kongressmitgliedes – wurde von einer plötzlichen und unerklärlichen Krankheit befallen, an der die Kunst der Ärzte scheiterte. Nach schrecklichen Leiden starb sie oder wurde wenigstens für tot gehalten. Nicht einer vermutete, dass sie nur scheintot sei – nicht einer hatte Grund dazu. Sie zeigte alle üblichen Merkmale des Todes. Das Gesicht hatte die bekannten verkniffenen und eingesunkenen Züge; die Lippen hatten Marmorblässe; die Augen waren glanzlos. Sie hatte weder Blutwärme noch Pulsschlag. Drei Tage blieb der Körper unbeerdigt, und in dieser Zeit war er zu Eiseskälte erstarrt. Man beeilte die Bestattung, weil die vermeintliche Zersetzung so rasche Fortschritte machte.

Die Dame wurde in der Familiengruft beigesetzt, und drei Jahre lang blieb diese unberührt. Nach Ablauf dieser Frist wurde sie zur Aufnahme eines Sarkophags geöffnet; – aber ach! welch furchtbarer Schlag erwartete den Gatten, der eigenhändig das Tor aufschloss! Als die Türflügel nach außen aufflogen, sank ein weißgekleidetes Etwas ihm klappernd in die Arme. Es war das Totenskelett seines Weibes in dem noch unverwesten Leichenkleid.

Sorgfältige Nachforschungen ergaben, dass sie zwei Tage nach ihrem Begräbnis wieder erwacht und dass der Sarg infolge ihrer verzweifelten Befreiungsversuche von der Bahre herabgestürzt und zerbrochen war, sodass sie ihm entsteigen konnte. Eine Öllampe, die zufällig gefüllt in der Gruft zurückgelassen worden war, stand leer; das Öl konnte aber auch verdunstet sein. Auf der obersten Stufe der Treppe, die zur Totenkammer hinabführte, lag ein Teil des Sarges, mit dem sie wahrscheinlich gegen das Eisentor geschlagen hatte, um die Aufmerksamkeit auf sich zu lenken. Bei dieser Tätigkeit hatte sie vermutlich eine Ohnmacht – oder auch infolge des Grauens der Tod befallen; beim Niedersinken verfing sich ihr Leichenhemd in irgendeinem vorstehenden Eisenteil des Tores. So blieb sie, und so verweste sie – aufrecht.

Im Jahre 1810 ereignete sich in Frankreich ein vorzeitiges Begräbnis von so seltsamen Umständen, dass sie die Behauptung rechtfertigen: Die Wirklichkeit ist oft seltsamer als alle Dichtung. Die Heldin der Geschichte war ein Fräulein Victorine Lafourcade, ein junges und sehr schönes Mädchen aus vornehmer und wohlhabender Familie. Unter ihren zahlreichen Verehrern war auch ein Herr Julien Bossuet, ein armer Gelehrter oder Literat aus Paris. Sein Talent und sein einnehmendes Wesen hatten die Aufmerksamkeit der Erbin erregt, die ihn aufrichtig geliebt zu haben scheint; ihr Familienstolz bewog sie schließlich aber doch, ihn abzuweisen und einen Herrn Renelle zu heiraten, einen Bankier und gewandten Diplomaten. Nach der Hochzeit aber vernachlässigte sie der Gatte – ja, misshandelte sie wohl gar, und nach einigen leidvollen Jahren starb sie – wenigstens glich ihr Zustand so ganz dem Tod, dass jeder, der sie sah, sich täuschen ließ. Sie wurde begraben – nicht in einer Gruft, sondern in einer gewöhnlichen Grabstätte ihres Heimatdorfes. Voll Verzweiflung und entflammt von der Erinnerung an ihre tiefe Zuneigung reist der abgewiesene Freier von der Hauptstadt nach der entlegenen Provinz, zu jenem Dorf, in der romantischen Absicht, die Leiche auszugraben und sich in den Besitz ihrer wunderbaren Locken zu setzen. Er findet das Grab. Um Mitternacht legt er den Sarg von der Erde bloß, öffnet ihn und ist dabei, das Haar abzuschneiden, als er innehält – denn die geliebten Augen öffnen sich. Man hatte die junge Frau lebendig begraben. Die Lebenskraft war noch nicht ganz entwichen, und die Liebkosungen ihres Getreuen erweckten sie aus der Lethargie, die man irrtümlich für Tod gehalten. In wahnsinniger Freude trug er sie nach seiner Wohnung im Dorf, wo er, der einige medizinische Kenntnisse hatte, ihr allerlei Belebungsmittel einflößte. Endlich erholte sie sich. Sie erkannte ihren Erretter. Sie blieb bei ihm, bis sie ihre frühere Gesundheit wieder- erlangt hatte. Ihr Frauenherz war nicht von Eisen, und dieser letzte Liebesbeweis erweichte es; sie gab es Bossuet zu eigen. Sie kehrte nicht zu ihrem Gatten zurück, sondern verbarg ihm ihre Auferstehung und entfloh mit dem Geliebten nach Amerika. Zwanzig Jahre später kamen die beiden wieder nach Frankreich, in der Überzeugung, die Zeit habe das Äußere der Frau so sehr verändert, dass ihre Angehörigen sie nicht wiedererkennen würden. Sie irrten sich jedoch, denn bei der ersten Begegnung erkannte Herr Renelle sein Weib und erhob Anspruch auf sie. Sie weigerte sich aber, zu ihm zurückzukehren, und das Gericht gab ihr recht, indem es entschied, dass die besonderen Umstände und die lange Reihe von Jahren nicht nur billigerweise, sondern auch gesetzlich die Rechte des Gatten ausgelöscht hätten.

Die Leipziger »Chirurgische Zeitung« – eine bedeutende und angesehene Zeitschrift, von der man wünschen möchte, dass sie, in unsere Sprache übersetzt, auch in Amerika erschiene – berichtet in einer der letzten Nummern ein ähnliches Ereignis furchtbarer Art.

Ein Artillerieoffizier von prächtiger Gestalt und von robuster Gesundheit wurde von einem störrischen Pferde abgeworfen und trug eine äußerst schwere Kopfwunde davon, die ihm sofort das Bewusstsein nahm; er hatte eine leichte Schädelfraktur, doch schien keine direkte Gefahr vorhanden. Die Trepanierung war erfolgreich; man ließ ihn zur Ader und viele andere Linderungsmittel wurden angewandt. Trotz alledem nahm die Betäubung, die Erstarrung mehr und mehr zu, und schließlich hielt man ihn für tot.

Es war warmes Wetter, und er wurde mit fast unziemlicher Eile zu Grabe getragen. Das geschah an einem Donnerstag. Am darauffolgenden Sonntag war der Friedhof wie üblich sehr besucht, und um die Mittagszeit brachte ein Bauer die ganze Menge in Aufruhr mit der Behauptung, während er auf dem Grabe des Offiziers gesessen, habe sich die Erde unter ihm bewegt, als suche sich jemand herauszuarbeiten. Zunächst schenkte man der Versicherung des Mannes keinen Glauben, aber sein sichtliches Entsetzen und die Hartnäckigkeit, mit der er bei seiner Aussage verblieb, machten zum Schluss doch Eindruck auf die Menge. Man schaffte eilends Spaten herbei, und das nur oberflächlich zugeschüttete Grab war in wenigen Minuten so weit bloßgelegt, dass der Kopf des Eingesargten sichtbar ward. Er schien tot zu sein, aber er saß aufrecht in seinem Sarg, dessen Deckel er bei seinen wütenden Befreiungsversuchen teilweise abgehoben hatte.

Er wurde sofort ins nächste Hospital gebracht, wo man konstatierte, dass er, wenngleich in tiefer Ohnmacht, noch am Leben sei. Nach einigen Stunden erwachte er, erkannte die an sein Lager geeilten Freunde und sprach in abgerissenen Sätzen von seinen Befreiungsversuchen im Grabe.

Aus dem, was er sagte, ging hervor, dass er im Grabe mehr als eine Stunde wach gewesen sein musste, ehe ihn das Bewusstsein verließ. Das Grab war nur oberflächlich mit sehr lockerer Erde angefüllt und ließ daher der Luft etwas Zutritt. Er hörte die Schritte der Menge über sich und versuchte seinerseits, sich hörbar zu machen. Er war der Meinung, das Geräusch der vielen Schritte habe ihn erweckt, doch kaum erwacht, gewahrte er mit namenlosem Entsetzen seine schreckliche Lage.

Dieser Patient – hieß es in dem Bericht weiter – erholte sich wieder, und es schien, als werde er ganz gesunden, da wurde er das Opfer eines medizinischen Experiments. Man wendete die galvanische Batterie bei ihm an, und er verstarb plötzlich in einem Paroxysmus, wie dieses Verfahren ihn manchmal zur Folge hat.

Bei Erwähnung der galvanischen Batterie fällt mir ein wohlbekannter und ganz seltsamer Fall ein, die Tatsache nämlich, dass ihre Anwendung bei einem jungen Londoner Advokaten, der bereits zwei Tage begraben gelegen hatte, diesen wieder ins Leben zurückrief. Das geschah im Jahre 1831 und machte überall, wo davon die Rede war, großes Aufsehen.

Der Patient, Herr Eduard Stapleton, war anscheinend an Typhus gestorben, doch unter eigenartigen Begleitumständen, welche die Neugier seiner Ärzte erregt hatten. Nach seinem Hinscheiden ersuchte man die Verwandten, eine Sezierung der Leiche zu gestatten, was aber abgelehnt wurde. Wie das nach solcher Weigerung oft geschieht, beschlossen die Ärzte den Leichnam auszugraben und dennoch heimlich zu sezieren. Man einigte sich mit einer Bande von Leichenräubern, wie sie in London nicht selten sind, und in der dritten Nacht nach dem Begräbnis wurde die angebliche Leiche aus ihrem acht Fuß tiefen Grabe hervorgeholt und in das Operationszimmer eines Privatspitals gebracht.

Ein ziemlich großer Schnitt in den Unterleib zeigte, dass das Fleisch noch frisch und unverwest war, und brachte die Ärzte auf den Einfall, die galvanische Batterie anzuwenden. Ein Experiment folgte dem andern und hatte die üblichen Wirkungen, die nur in zwei Fällen den konvulsivischen Zuckungen ein mehr als gewöhnliches Leben gaben.

Es wurde spät. Der Tag dämmerte, und man hielt es für ratsam, endlich die Sektion vorzunehmen. Ein Student jedoch, der gern eine eigene Theorie erproben wollte, bestand darauf, die Batterie auf einen der Brustmuskel anzuwenden. Man machte schnell einen Schnitt und brachte einen Draht in Kontakt mit dem Muskel. Da plötzlich erhob sich der Patient mit einer schnellen, doch keineswegs konvulsivischen Bewegung vom Tisch, schritt in die Mitte des Zimmers, blickte sekundenlang unsicher umher und sprach. Was er sagte, war nicht zu verstehen; aber er äußerte Worte, bildete Silben. Als er gesprochen hatte, fiel er schwer zu Boden.

Einen Augenblick waren alle gelähmt von Entsetzen; doch das Bewusstsein, dass hier rasch eingegriffen werden müsse, gab ihnen bald die Geistesgegenwart zurück. Man entdeckte, dass Herr Stapleton ohnmächtig, aber am Leben war. Nach Anwendung von Äther erwachte er und konnte schnell wiederhergestellt und seinen Verwandten zurückgegeben werden. Ihr Erstaunen – ihre namenlose Verwunderung – sei hier verschwiegen.

Das Unerhörteste aber an dem ganzen Ereignis ist das, was Herr Stapleton selbst berichtet. Er erklärt, die ganze Zeit über nie völlig besinnungslos gewesen zu sein, sondern – wenn auch unklar und verwirrt – alles gewusst zu haben, was mit ihm vorging – vom Augenblick an, da die Ärzte ihn für »tot« erklärten, bis zu dem, da er im Hospital ohnmächtig zu Boden sank. »Ich lebe« waren die unverständlichen Worte, die er, als er vom Seziertisch heruntertaumelte, in seiner äußersten Not herausstieß.

Es wäre ein leichtes, noch viele solcher Geschichten anzuführen; ich unterlasse es aber, denn wir bedürfen ihrer nicht zur Feststellung der Tatsache, dass verfrühte Begräbnisse stattfinden. Wenn wir bedenken, wie selten es naturgemäß in unserer Macht liegt, solche Fälle aufzudecken, so müssen wir zugeben, dass sie häufig genug ohne unser Wissen vorkommen. Tatsächlich finden kaum je in einem Friedhof umfangreiche Umgrabungen statt, ohne dass Skelette aufgefunden werden, deren Haltung die fürchterlichsten Vermutungen rechtfertigt.

Fürchterlich die Vermutung, doch fürchterlicher noch das Schicksal selbst! Es ist nicht zu viel gesagt mit der Behauptung, dass *kein* Ereignis so grauenvoll geeignet ist, Leib und Seele aufs Äußerste zu schrecken, wie das Lebendig-begraben-Sein. Der unerträgliche, atemraubende Druck – die erstickenden Dünste der feuchten Erde – das hemmende Leichengewand – die harte Enge des schmalen Hauses – das Dunkel vollkommener Nacht – die alles verschlingende Woge ewiger Stille – die unsichtbare, doch fühlbare Nähe des Eroberers Wurm – diese Dinge und der Gedanke, dass droben die Gräser im Winde wehn, und die Erinnerung an liebe Freunde, die, wenn sie nur unser Schicksal ahnten, zu unserer Rettung herbeieilen würden, und das Bewusstsein, dass sie dies Schicksal *nie* erfahren werden – dass wir ohne alle Hoffnung zu den wirklich Toten zählen –, diese Betrachtungen, sage ich, tragen in das noch pulsende Herz ein so namenloses Grauen, wie selbst die stärkste Fantasie es nicht beschreiben kann. Gibt es auf Erden ähnlich Grauenvolles – können wir uns selbst für die tiefste Hölle solche Schrecken träumen? Und daher begegnet man derartigen Berichten mit so besonderem Interesse – aber einem Interesse, das ganz von unserem Glauben an die *Wahrheit* des geschilderten Ereignisses abhängig ist. Was ich jetzt erzählen will, habe ich selbst am eigenen Leibe erfahren.

Ich war jahrelang den Anfällen jener seltsamen Krankheit unterworfen, der die Ärzte in Ermangelung einer treffenden Bezeichnung den Namen Katalepsie gegeben haben. Obgleich die mittelbaren und unmittelbaren Ursachen fast unbekannt sind, ja, sogar die Krankheitsdiagnose selbst noch dunkel ist, so sind doch ihre äußerlich wahrnehmbaren Merkmale zur Genüge bekannt. Ihre Haupteigenschaft besteht in der Verschiedenartigkeit ihrer Anfälle. Manchmal liegt der Patient nur einen Tag oder selbst kürzere Zeit in vollständiger Lethargie. Er ist gefühllos und regungslos, aber der Herzschlag ist noch schwach fühlbar, der Körper ist noch ein wenig warm, ein leichtes Rot färbt die Wangen, und wenn man den Lippen einen Spiegel nähert, so kann man ein träges, unregelmäßiges Atmen wahrnehmen. Dann wieder dauert dieser Zustand Wochen – ja Monate –, und dann vermögen die sorgfältigsten ärztlichen Untersuchungen nicht mehr einen Unterschied festzustellen zwischen dem Zustand des Kranken und dem, was wir als Tod bezeichnen. Sehr häufig wird er nur dadurch vor vorzeitigem Begraben-Werden bewahrt, dass seine Freunde von früheren kataleptischen Anfällen wissen und daher argwöhnisch sind, und vor allem dadurch, dass keine Verwesung eintritt. Die Krankheit macht glücklicherweise nur langsame Fortschritte; schon ihre ersten Anzeichen sind unzweideutiger Natur. Nach und nach werden die Anfälle stärker und dauern von Mal zu Mal länger. Hierin hauptsächlich liegt die Sicherheit vor einem allzu frühen Begraben-Werden. Der Unglückselige, dessen *erster* Anfall bereits die Heftigkeit des letzten hätte, würde unvermeidlich lebendig zu Grabe getragen.

Mein eigener Fall wich in nichts von den in medizinischen Büchern geschilderten Fällen ab. Ohne ersichtliche Ursache überfiel mich hie und da ein ohnmachtartiger Zustand, in dem ich ohne Schmerzen und regungslos, ja ohne Denkvermögen verharrte, immer aber mit dem schwachen Bewusstsein dessen, was an meinem Lager vorging, bis ich ganz plötzlich wieder zu vollem Bewusstsein erwachte. Zu andern Zeiten packte es mich rasch und ungestüm. Mir wurde übel, mich fröstelte und ein Schwindelanfall warf mich rasch zu Boden. Dann war wochenlang alles um mich her leer und stumm und schwarz, und das Weltall wurde zum Nichts. Es war der vollkommene Tod. Aus diesen letzteren Anfällen aber erwachte ich weit langsamer, als ich davon befallen wurde. Gleich wie dem freund- und heimatlosen Bettler, der die lange, einsame Winternacht durch die Straßen irrt, die Morgendämmerung nur zögernd, nur ganz allmählich und doch wie beglückend erscheint – geradeso kehrte das Licht meiner Seele zurück.

Abgesehen von diesen kataleptischen Anfällen schien mein Gesundheitszustand gut und keiner Beeinflussung durch diese Krankheit unterworfen – bis auf eine gewisse Eigentümlichkeit meines gewöhnlichen Schlafes. Wenn ich erwachte, war ich nie sofort Herr meiner Sinne, sondern blieb minutenlang erschreckt und verwirrt; die geistigen Fähigkeiten, besonders das Gedächtnis, waren wie gelähmt.

In all meinem Leiden gab es kaum physische Schmerzen, aber eine unerträgliche seelische Depression. Meine Fantasie sah nichts als Leichen. Ich sprach von Würmern, Grab und Leichenstein. Ich versank in Träumereien über den Tod und war von der düstern Ahnung erfasst, einmal lebendig begraben zu werden. Diese gespenstische Gefahr verfolgte mich Tag und Nacht; bei Tag quälten mich grausige Grübeleien, des Nachts war ich dem Wahnsinn nahe. Wenn Dunkelheit sich über die Erde breitete, schreckten mich die Gedanken, und ich bebte – bebte wie die schwankenden Federn auf den Köpfen der Pferde beim Leichenbegängnis. Wenn ich mich nicht mehr wach halten konnte, so kostete es mich einen Kampf, schlafen zu gehen, – denn mir grauste bei dem Gedanken, ich könne mich beim Erwachen im Grabe finden. Und wenn ich schließlich in Schlummer sank, so vermochte ich es nur, um sogleich in einem Meer von Fantasien zu versinken, das überschattet wurde von den riesigen, schwarzen Schwingen jenes einen Grabgedankens.

Aus den zahllosen düstern Bildern, die mich in Träumen ängsteten, will ich nur eine einzige Vision berichten. Mir war, als läge ich in einer Erstarrung, die tiefer war und länger dauerte als je vorher. Da plötzlich legte sich eine eisige Hand auf meine Stirn, und eine ungeduldige Stimme rasselte mir ins Ohr: »Steh auf!«

Ich saß aufrecht. Es war völlig finster. Ich konnte die Gestalt nicht sehen, die mich geweckt hatte. Ich konnte mich weder erinnern, wann dieser Anfall mich erfasst hatte, noch, wo ich mich überhaupt befand. Ich harrte regungslos und mühte mich, meine Gedanken zu sammeln, aber die kalte Faust packte mich wild am Handgelenk und schüttelte mich, und die rasselnde Stimme sagte von Neuem:

»Steh auf! Gebot ich dir nicht aufzustehen?«

»Wer bist du?«, fragte ich.

»Ich habe keinen Namen dort, wo ich hause«, erwiderte die Stimme klagend; »ich war sterblich und bin doch Dämon. Ich war unbarmherzig und bin mitleidig. Du fühlst, dass ich schaudere. Meine Zähne klappern – aber nicht, weil die Nacht so frostig ist – die endlose Nacht. Doch dies Grauen, dieser Ekel ist unerträglich! Wie kannst *du* ruhig schlafen? Ich kann nicht Ruhe finden vor dem Schrei der Todesängste. Diese Seufzer sind mehr, als ich ertragen kann. Steh auf! Komm mit mir hinaus in die Nacht und lass mich dir die Gräber öffnen. Ist dieser Anblick nicht ein furchtbar Weh? – Sieh!«

Ich blickte – und die unsichtbare Gestalt, die mich noch immer an der Hand hielt, hatte die Gräber der ganzen Menschheit aufgeworfen, und aus einem jeden drang ein schwacher Phosphorschein der Verwesung, sodass ich in den tiefsten Schlund hinabsehen und die eingesargten Leichen in ihrem trauervollen Schlafe mit den Würmern schauen konnte. Aber ach! der wirklichen Schläfer waren es Millionen weniger als der Wachenden; und da war ein Kämpfen und Wehren und eine allgemeine schmerzliche Unruhe; und aus den Tiefen der zahllosen Gruben drang das melancholische Rauschen der Totenhemden; und unter denen, die still zu ruhen schienen, sah ich, dass viele mehr oder weniger die kalte, unbequeme Lage, in der man sie hinabgesenkt, verändert hatten. Und wie ich blickte, sagte die Stimme von Neuem: »Ist es nicht – oh, ist es nicht ein schmerzlicher Anblick?« Doch ehe ich die Antwort finden konnte, hatte die Gestalt meine Hand losgelassen, der Phosphorschein erlosch und die Gräber schlossen sich plötzlich; aus ihrem Innern aber hob sich ein Chaos verzweifelter Schreie, und wieder klang es: »Ist es nicht – o Gott! – ist es nicht ein schmerzlicher Anblick?«

Solche Nachtfantasien übten auch auf meine wachen Stunden ihren entsetzlichen Einfluss. Meine Nerven waren völlig zerrüttet, und ich war die Beute ewigen Grauens. Ich wagte mich weder zu Fuß noch zu Pferd aus dem Hause, von dem ich mich nicht mehr entfernen wollte, um stets in der Nähe derer zu sein, die meine Neigung zu kataleptischen Anfällen kannten; hätte es sich andernfalls nicht ereignen können, dass ich begraben wurde, ehe mein wahrer Zustand festgestellt werden konnte? Ich fürchtete, ein Anfall von außergewöhnlich langer Dauer könne sie an meinem Wiedererwachen zweifeln lassen. Ich ging sogar so weit zu argwöhnen, man werde sich freuen, in einem besonders hartnäckigen Anfall willkommene Gelegenheit zu finden, sich meiner zu entledigen. Vergebens versuchten sie mich mit feierlichen Versprechungen zu beruhigen. Ich nahm ihnen die heiligsten Schwüre ab, mich unter keinen Umständen eher zu begraben, als bis die Verwesung so weit fortgeschritten wäre, dass ein längeres Lagern unmöglich sei; und selbst dann noch wollte meine tödliche Angst keiner Vernunft gehorchen, keinen Trost annehmen. Ich traf eine Reihe mühsamer Vorsichtsmaßregeln. Unter anderem ließ ich die Familiengruft so umbauen, dass sie von innen leicht geöffnet werden konnte. Der leiseste Druck auf einen langen Hebel, der tief in die Grabkammer hineinreichte, ließ die eisernen Tore auffliegen. Auch traf ich Vorsorge, dass Luft und Licht freien Zutritt hatten und dass dicht bei dem Sarge, der mich aufnehmen sollte, Gefäße für Speise und Trank bereitstanden. Der Sarg selbst war weich und warm gefüttert und mit einem Deckel versehen, der nach Art der Grufttür eingerichtet war, nur dass hier schon die leiseste Körperbewegung genügte, um den Deckel zu lüften. Überdies hing von der Decke der Grabkammer eine große Glocke herab, deren Seil durch ein Loch im Sarge hineingeführt und an der Hand der Leiche befestigt werden sollte. Aber ach! Was vermag alle Vorsicht gegen das Schicksal. Selbst diese wohlbedachten Maßregeln vermochten es nicht, einen Unglücklichen, der dazu vorausbestimmt worden war, vor den unerhörten Schrecken des Lebendig-begraben-Werdens zu bewahren!

Es kam eine Zeit, da ich – wie schon so oft – aus völliger Bewusstlosigkeit zum ersten schwachen Daseinsgefühl wieder erwachte. Langsam – schneckenlangsam – dämmerte meiner Seele der Tag. Träge Unbehaglichkeit; dumpfes Schmerzgefühl; keine Sorgen – kein Hoffen – kein Wollen. Dann, nach langer Pause, Ohrensausen; dann, nach noch längerer Pause, ein stechendes, prickelndes Gefühl in den Gliedern. Dann eine ewig lang Zeit frohen Behagens, während das erwachende Bewusstsein nach Gedanken ringt; dann ein kurzes Zurücksinken ins Nichts; dann wieder plötzliches Erholen. Endlich leises Erbeben der Augenlider und gleich darauf ein Schreck wie ein elektrischer Schlag, tödlich und endlos, der das Blut von den Schläfen zum Herzen peitscht. Und nun der erste positive Versuch, zu denken. Und nun der Versuch, sich zu erinnern. Und nun habe ich das Gedächtnis so weit zurückerlangt, dass ich mir in gewissem Grade von meinem Zustand Rechenschaft geben kann. Ich fühle, dass es nicht ein gewöhnlicher Schlaf ist, aus dem ich erwache. Ich entsinne mich, einen kataleptischen Anfall gehabt zu haben. Und nun überflutet meine schaudernde Seele wie ein rasendes Meer die eine grausige Angst – der *eine* gespenstische und herrschende Gedanke.

Minutenlang, nachdem diese Vorstellung mich erfasst, verblieb ich regungslos. Und warum? Ich konnte den Mut nicht finden, mich zu rühren. Ich wagte nicht, die Bewegung zu machen, die mir mein Schicksal offenbart hätte, und dennoch flüsterte eine Stimme in meinem Herzen: *»Es ist so!«* Verzweiflung – wie keine andere Lage sie schaffen kann –, Verzweiflung veranlasste mich nach langer Unentschlossenheit, die schweren Augenlider zu heben. Es war finster – ganz finster. Ich wusste, der Anfall war vorüber. Ich wusste, die Krisis meiner Krankheit war lange vorbei. Ich wusste, dass ich jetzt den vollen Gebrauch meines Gesichtssinnes wiedererlangt hatte – und dennoch war es finster – ganz finster – die tiefe Dunkelheit ewiger Nacht.

Ich versuchte zu schreien, und meine Lippen und meine verdorrte Zunge mühten sich vereint und krampfhaft – aber keine Stimme entrang sich den hohlen Lungen, die, wie von Bergeslast bedrückt, bei jedem mühevollen Atemzug gemeinsam mit dem Herzen grausam aufzuckten.

Die Bewegung der Kinnbacken bei der Anstrengung des Rufenwollens zeigte mir, dass sie von Kinn zu Kopf mit einem Tuch umwunden waren, wie das bei Leichen zu geschehen pflegt. Auch fühlte ich, dass ich auf etwas Hartem lag, und auch meine Seiten wurden von etwas Hartem eingeengt. Bis jetzt hatte ich nicht gewagt, ein Glied zu rühren – nun aber warf ich heftig die Arme empor, die bisher mit gekreuzten Händen dalagen. Sie berührten eine feste Holzmasse, die sich über meinem Körper in einer Höhe von kaum sechs Zoll hinzog. Ich konnte nicht länger zweifeln, dass ich im Sarg lag.

Und nun, inmitten all meines namenlosen Elends, nahte sich mir der süße Engel der Hoffnung – denn ich dachte an meine Vorsichtsmaßregeln. Ich rührte mich und machte krankhafte Versuche, den Deckel aufzuzwängen; er bewegte sich nicht. Ich suchte an meinen Handgelenken nach der Glockenschnur; sie war nicht zu finden. Und nun entfloh der Tröster für immer, und eine noch tiefere Verzweiflung gewann die Oberhand. Ich bemerkte, dass die von mir gewünschte Polsterung fehlte, und in meine Nase stieg der eigenartig herbe Geruch feuchter Erde. Die Schlussfolgerung war unumgänglich: Ich befand mich *nicht* in der Gruft. Ich war während einer Abwesenheit von Hause – unter Fremden – von einem Anfall ergriffen worden; an ein Wann oder Wie wusste ich mich nicht zu entsinnen. Und diese Fremden hatten mich begraben wie einen Hund – in irgendeinen Sarg gesteckt, den sie vernagelt und tief, tief und für immer in ein gewöhnliches und namenloses *Grab* gesenkt hatten.

Als diese grässliche Überzeugung sich im geheimsten Fach meiner Seele gebildet hatte, versuchte ich von Neuem, laut aufzuschreien; und dieser zweite Versuch gelang. Ein langer, wilder und anhaltender Schrei, ein Todesgellen, echote durch die Reiche der unterirdischen Nacht. »Hallo, hallo, was gibt's?«, gab eine raue Stimme Antwort. »Was zum Teufel ist denn los?«, sagte eine zweite. »Heraus mit Euch!«, sagte eine dritte. »Was soll das heißen, dass Ihr losheult wie ein Kettenhund?«, sagte eine vierte. Und hierauf ward ich ergriffen und minutenlang unsanft von einer Gruppe wüstblickender Gesellen geschüttelt. Sie holten mich nicht etwa aus dem Schlaf – denn ich war hellwach, als ich schrie, – aber sie setzten mich wieder in den Besitz meines Gedächtnisses.

Dieses Abenteuer ereignete sich in der Nähe von Richmond in Virginia. In Begleitung eines Freundes hatte ich eine Jagdexpedition an den Ufern des James-Flusses unternommen. Die Nacht kam, und ein Sturm überraschte uns. Die Kabine einer kleinen Schaluppe, die im Strom vor Anker lag und mit Gartenerde geladen war, bot uns den einzigen Schutz. Wir behalfen uns also, so gut es ging, und verbrachten die Nacht an Bord. Ich schlief in einer der zwei einzigen Kojen, die das Schiff aufzuweisen hatte, – und die Kojen einer Schaluppe von sechzig bis siebzig Tonnen sind in ihrer Kleinheit kaum zu beschreiben. Die meinige hatte überhaupt kein Lager. Ihre größte Breite betrug achtzehn Zoll. Die Entfernung vom Boden zum Dach war genau dieselbe. Es wurde mir sehr schwer, mich hineinzuzwängen. Trotzdem schlief ich fest, und meine ganze Vision – denn es war kein Traum und kein Alp – entsprang natürlich den eigentümlichen Umständen meiner Lage, meinem gewohnten Gedankengang und der erwähnten Schwierigkeit, unter der ich litt, meine Sinne zu sammeln, besonders nach langem Schlaf das Gedächtnis wiederzuerlangen. Die Männer, die mich schüttelten, waren die Bemannung des Schiffes und ein paar Ladearbeiter. Von der Last selbst rührte der Erdgeruch her. Das Tuch um die Kinnladen war ein seidenes Taschentuch, das ich mir in Ermangelung meiner gewohnten Nachtmütze um den Kopf geschlungen hatte.

Die erduldeten Martern aber waren unzweifelhaft jenen des Lebendig-begraben-Seins völlig gleich. Sie waren schrecklich – sie waren unsagbar grauenhaft. Doch der schlimme Umstand hatte eine günstige Folge. Meine Seele bekam Ruhe und Haltung. Ich ging auf Reisen. Ich unterwarf mich körperlichen Anstrengungen. Ich atmete freie Himmelsluft. Ich dachte an andere Dinge als den Tod. Ich entfernte meine medizinischen Bücher. »Buchan«

verbrannte ich. Ich las keine »Nachtgedanken«, keine bombastischen Kirchhofsmärchen und Schauergeschichten – wie diese hier. Binnen Kurzem wurde ich ein neuer Mensch und führte ein männliches Leben. Seit jener denkwürdigen Nacht verlor ich für immer meine Todesgedanken, und mit ihnen verschwanden meine kataleptischen Zustände, von denen sie vielleicht weniger die Folge als die Ursache gewesen waren.

Es gibt Augenblicke, wo selbst dem klugen Auge der Vernunft die Welt unseres traurigen Menschendaseins als Hölle erscheint; aber die Fantasie des Menschen vermag ihre ewigen Grüfte nicht ungestraft zu durchstreifen! Weh! Die grausigen Legionen der Grabesschrecken sind keine Hirngespinste; doch gleich den Dämonen, in deren Gesellschaft Afrasiab den Oxus hinabschiffte, müssen sie schlafen oder sie verschlingen uns – muss man sie schlummern lassen, oder wir gehen zugrunde.

DAS MANUSKRIPT IN DER FLASCHE

Qui n'a plus qu'un moment à vivre,
N'a plus rien à dissimuler.
Quinault – Atys

Von meiner Heimat und meiner Familie lässt sich wenig sagen. Schlechte Behandlung hat mich von dieser vertrieben, und Jahre der Trennung haben mich jener entfremdet. Ererbter Reichtum verpflichtete mich zu einem außergewöhnlich sorgfältigen Bildungsgang, und mein grüblerischer Geist ermöglichte es mir, die Schätze frühen Studiums gründlich zu verarbeiten. Von allen Dingen erfreuten mich am meisten die Werke der deutschen Moralisten, nicht etwa, weil ich so unbedacht war, ihre geschwätzige Narrheit zu bewundern, sondern weil meine streng logische Denkweise es mir leicht machte, ihre Fehler aufzudecken. Man hat mir sogar oft ein allzu nüchternes Denken vorgeworfen und meinen Mangel an Fantasie als Verbrechen hingestellt; ja, ich war berüchtigt wegen meiner Skepsis. Und in der Tat befürchte ich, dass meine Vorliebe für Physik auch *meinen* Geist in einen Fehler unserer Zeit verfallen ließ – ich meine: in die Gewohnheit, alle Dinge auf die Prinzipien eben jener Wissenschaft zurückzuführen – selbst wenn sie noch so sehr außerhalb ihres Bereiches lagen.

Nach vielen auf weiten Reisen im Ausland verbrachten Jahren trat ich im Jahre 18… von Batavia, der Hafenstadt der wohlhabenden und volkreichen Insel Java, eine Segelreise nach dem

Archipel der Sundainseln an. Der Anlass zu dieser Reise war kein geschäftlicher, sondern lediglich eine nervöse Rastlosigkeit, die mich mit teuflischer Ausdauer plagte.

Unser Fahrzeug war ein schönes kupferbeschlagenes Schiff von etwa vierhundert Tonnen, das in Bombay aus malabarischem Teakholz gebaut worden war. Seine Fracht bestand aus Baumwolle und Öl von den Lachadive-Inseln. Ferner hatten wir Kokosbast, Zucker, konservierte Butter, Kokosnüsse und einige Behälter mit Opium an Bord. Das Schiff war mit dieser leichten Last fest gefüllt und hatte infolgedessen entsprechenden Tiefgang.

Wir stachen bei schwachem Wind in See und segelten tagelang an der Ostküste von Java dahin, und der einzige Zwischenfall auf unserer eintönigen Fahrt war das gelegentliche Zusammentreffen mit einem Schiffchen der malabarischen Inselgruppe.

Eines Abends, als ich an Backbord lehnte, gewahrte ich im Nordosten eine seltsame einzeln stehende Wolke. Sie fiel mir auf – einmal ihrer Farbe wegen, und dann, weil es die erste Wolke war, die sich seit unserer Ausfahrt aus Batavia sehen ließ. Ich beobachtete sie aufmerksam bis Sonnenuntergang, als sie sich ganz plötzlich nach Osten und Westen ausbreitete und den Horizont mit einem schmalen Nebelstreif umgürtete, der aussah wie ein langer flacher Küstenstrich. Bald darauf überraschte mich die dunkelrote Farbe des Mondes und das sonderbare Aussehen des Meeres, das sich ungemein schnell veränderte; das Wasser schien durchsichtiger als gewöhnlich. Obgleich ich deutlich auf den Grund sehen konnte, bewies mir das Senkblei, dass unser Schiff fünfzehn Faden lief. Die Luft war jetzt unerträglich heiß und mit Dunstspiralen geladen, wie sie etwa erhitztem Eisen entsteigen. Je näher die Nacht herankam, desto mehr erstarb der schwache Windhauch, und eine Ruhe herrschte, wie sie vollkommener gar nicht gedacht werden kann. Eine auf Hinterdeck brennende Kerzenflamme machte nicht die leiseste Bewegung, und ein langes, zwischen Daumen und Zeigefinger gehaltenes Haar hing ohne die geringste wahrnehmbare Vibration. Da aber der Kapitän sagte, er sehe keine Anzeichen einer drohenden Gefahr, und da wir quer zum Ufer standen, so ließ er die Segel auftuchen und den Anker fallen. Es wurde keine Wache aufgestellt, und die Schiffsmannschaft, die hauptsächlich aus Malaien bestand, lagerte sich ungezwungen auf Deck. Ich ging hinunter – mit der bestimmten Vorahnung eines Unheils. Alle Anzeichen schienen mir auf einen Samum hinzudeuten. Ich sprach dem Kapitän von meinen Befürchtungen; aber er schenkte meinen Worten keine Beachtung und würdigte mich nicht einmal einer Antwort. Meine Unruhe ließ mich jedoch nicht schlafen, und gegen Mitternacht ging ich an Deck. Als ich den Fuß auf die oberste Stufe der Kajütentreppe setzte, überraschte mich ein lautes, summendes Geräusch, das dem Sausen eines kreisenden Mühlrades glich, und ehe ich seine Ursache feststellen konnte, erbebte das Schiff in seinem ganzen Bau. Im nächsten Augenblick stürzte ein heulender Schaumregen auf uns nieder, raste über uns hin und fegte das Schiff vom Steven bis zum Heck leer.

Die jähe Wucht des Windstoßes war für die Rettung des Schiffes in gewissem Grade von Vorteil. Trotzdem es vom Wasser überschwemmt worden war, hob es sich doch, als seine Masten über Bord gegangen waren, nach einer Minute schwerfällig wieder aus der Tiefe, schwankte eine Weile unter dem ungeheuren Druck des Sturmes und richtete sich schließlich auf.

Durch welches Wunder ich der Vernichtung entging, ist unmöglich festzustellen. Zuerst durch den Wasserguss betäubt, fand ich mich, als ich wieder zur Besinnung kam, zwischen dem Hintersteven und dem Steuer eingeklemmt. Mit großer Mühe richtete ich mich auf, und als ich verwirrt um mich blickte, kam mir zunächst der Gedanke, wir seien in die Brandung geraten; so über alles Denken schrecklich war der Wirbel sich türmender, schäumender Wasser, die uns umtosten. Nach einiger Zeit vernahm ich die Stimme eines alten Schweden, der sich, kurz bevor wir den Hafen verließen, als Matrose bei uns verdingt hatte. Mit aller Kraft rief ich ihn an, und sogleich taumelte er zu mir. Wir entdeckten bald, dass wir die einzigen Überlebenden des Unfalls waren. Alle an Deck mit Ausnahme von uns beiden waren über Bord gefegt worden; der Kapitän und die Maate mussten im Schlaf umgekommen sein, denn die Kajüten waren ganz unter Wasser gesetzt worden. Ohne Beistand konnten wir nur wenig zur Sicherheit des Fahrzeugs tun, und unsere ersten Bemühungen wurden durch die Erwartung sofortigen Untergangs lahmgelegt. Unser Ankertau war natürlich beim ersten Sturmstoß zerrissen wie ein Bindfaden, andernfalls wären wir im Nu vernichtet gewesen. Wir trieben mit furchtbarer Schnelligkeit dahin, und die Wasser machten alles um uns her zu Splittern. Das Fachwerk unseres Hecks war grässlich zerschmettert, und wir waren in jeder Hinsicht furchtbar zugerichtet. Zu unserer unaussprechlichen Freude aber fanden wir die Pumpen unversehrt und sahen, dass wir nur wenig Ballast verloren hatten. Die erste Wut des Sturmes war schon gebrochen, und wir befürchteten von der Heftigkeit des Windes wenig Gefahr; mit Verzweiflung aber sahen wir der Zeit entgegen, wo er sich legen würde, denn wir wussten, dass wir mit unserm lecken Fahrzeug in der nachfolgenden Hochflut rettungslos zugrunde gehen mussten.

Diese sichere Vorahnung schien sich jedoch nicht so bald erfüllen zu wollen. Fünf volle Tage und Nächte – während deren unser einziger Unterhalt aus einer geringen Menge Zucker bestand, die wir mit großer Mühe aus dem Vorderschiff holten, – raste der Schiffsrumpf mit unfassbarer Geschwindigkeit dahin, von kurzen, sprunghaften Windstößen getrieben, die, ohne der ersten Heftigkeit des Samums gleichzukommen, noch immer schrecklicher waren als irgendein Sturm, den ich vordem erlebte. Unser Kurs blieb in den ersten vier Tagen bis auf geringe Abweichungen südsüdöstlich, und wir mussten an der Küste von Neu-Holland entlanggetrieben sein. Am fünften Tage wurde die Kälte unerträglich, trotzdem der Wind ein wenig mehr aus Norden kam. Die aufgehende Sonne hatte einen grünlich-gelben Schein und stieg nur wenige Grade über den Horizont empor; sie gab nur ein unbestimmtes Licht. Es waren keine Wolken sichtbar, aber der Wind nahm zu und blies in unregelmäßigen, wuchtigen Stößen. Gegen Mittag – so gut wir das feststellen konnten – wurde unsere Aufmerksamkeit von Neuem durch den Anblick der Sonne gefesselt. Sie gab kein eigentliches Licht, aber einen matten, düsteren Glanz ohne Widerschein, als liefen alle ihre Strahlen in einen Punkt zusammen. Gerade bevor sie ins wogende Meer sank, erlosch ihr zentrales Feuer, als habe eine unerklärliche Macht es ausgelöscht. Sie war nur noch ein schwacher silberner Reif, als sie hinabglitt in den unermesslichen Ozean.

Von nun ab umhüllte uns tiefste Dunkelheit, sodass wir auf zwanzig Schritte Entfernung vom Schiff keinen Gegenstand zu erkennen vermochten. Unausgesetzt umgab uns ewige Nacht, die nicht einmal von dem phosphoreszierenden Meeresleuchten erhellt wurde, an das wir in den Tropen gewöhnt gewesen waren. Der Sturm raste mit unverminderter Heftigkeit, aber die breite Schaumfläche, die uns bisher begleitet hatte, schwamm nicht mehr auf den Wogen. Rundum war Schrecken und tiefste Finsternis und ungeheure, ebenholzschwarze drohende Wüste. Mehr und mehr wurde der Verstand des alten Schweden von abergläubischem Grauen umnachtet, und meine eigene Seele hüllte sich in stummes Entsetzen. Wir gaben den Versuch, die Herrschaft über das Schiff wiederzuerlangen, als völlig nutzlos auf, banden uns, so gut es eben ging, am stehen gebliebenen Stumpf des Besanmastes fest und spähten angstvoll in den weiten Ozean hinaus. Jede Möglichkeit einer Zeitberechnung fehlte uns, und ebenso wenig wussten wir, wo wir uns befanden. Wir waren uns aber völlig klar, weiter nach Süden vorgedrungen zu sein, als je vorher ein Seefahrer gekommen war, und wunderten uns umso mehr, nicht den üblichen Eisbergen zu begegnen. Inzwischen drohte jeder Augenblick unser letzter zu sein – jede berghohe Woge uns zu verschlingen. Das Stürmen übertraf alles, was ich für möglich gehalten hätte, und dass wir nicht sofort begraben wurden, ist ein Wunder. Mein Gefährte erwähnte, wie leicht unsere Ladung sei, und erinnerte mich an die hervorragende Leistungsfähigkeit unseres Schiffes. Ich konnte aber nicht umhin, die völlige Sinnlosigkeit jeglicher Hoffnung zu fühlen, und erwartete schweren Herzens den Tod; ich gab uns höchstens noch eine Stunde Frist, denn mit jedem Knoten, den das Schiff machte, wurden die ungeheuren schwarzen Wolken noch ungeheurer, noch grauenvoller. Bald warf es uns in atemraubende Höhen empor, die nicht einmal der Albatros erfliegt, bald schwindelte uns bei dem rasenden Sturz in irgendeine Wasserhölle, wo die Luft erstickend war und kein Laut den Schlummer des Kraken störte.

Wieder einmal befanden wir uns auf dem Grunde eines solchen Höllenschlundes, als plötzlich ein Schrei meines Gefährten die Nacht durchgellte.

»Sieh! Sieh!«, schrie er mir in die Ohren. »Allmächtiger Gott! Sieh! Sieh!«

Während er sprach, gewahrte ich einen matten Schimmer roten Lichtes, der an den Seiten des ungeheuren Abgrunds, in dem wir lagen, herunterfloss und unser Deck mit eigentümlichem Glanz überstrahlte. Ich wandte den Blick nach oben und sah ein Schauspiel, das mir das Blut in den Adern erstarren machte. In grauenvoller Höhe über uns und genau am Rande des gewaltigen Trichters schwebte ein riesiges Schiff von etwa viertausend Tonnen. Obgleich es auf dem Gipfel einer Woge stand, die seine eigene Höhe mehr als hundertmal übertraf, so schien es mir dennoch größer als irgendein Linienschiff oder Ostindienfahrer jemals sein konnte. Sein ungeheurer Rumpf war von tiefem Schwarz und wies keine Schnitzerei und keinen Zierat auf, wie er sonst bei Schiffen üblich ist. Aus den offenen Schießscharten lugten in langer Reihe erzene Kanonenrohre und spielten das Licht zahlloser Laternen wider, die in der Takelage hin und her schwangen. Was uns am meisten wunderte und entsetzte, war, dass das Schiff mit vollen Segeln hineinraste in das grauenvolle Meer und den unnatürlichen Orkan. Als wir es zuerst entdeckten, sah man nur den Bug, der langsam aus irgendeinem fürchterlichen Abgrund auftauchte. Einen schaudervollen Augenblick schwebte es auf schwindelndhohem Wogenkamm, wie in stolzem Bewusstsein seiner Erhabenheit, dann bebte es, schwankte und – kam herab. Und seltsam: ich wurde jetzt ganz ruhig und überlegend. Ich stolperte so weit nach rückwärts, wie es anging, und erwartete furchtlos den Untergang. Unser eigenes Schiff hatte mittlerweile den Kampf aufgegeben und versank mit seinem Vorderteil ins Meer. Der niedersausende Koloss traf mit aller Wucht auf diesen unter Wasser befindlichen Teil, und die unausbleibliche Folge war, dass ich mit großer Heftigkeit auf das fremde Schiff hinübergeschleudert wurde.

Als ich niederfiel, stand das Schiff in den Wind und wendete, und der dadurch entstehenden Verwirrung schob ich es zu, dass mein Erscheinen von der Mannschaft nicht bemerkt wurde. Ohne große Schwierigkeit gelangte ich ungesehen zur großen Luke, die zum Teil geöffnet war, und fand bald Gelegenheit, mich im Schiffsraum zu verbergen. Warum ich das tat, vermag ich kaum zu sagen. Ein unbestimmtes Grauen vor der Besatzung des Schiffes hatte mich gleich bei ihrem ersten Anblick erfasst und war vielleicht die Hauptursache, dass ich mich so versteckte. Ich hatte kein Verlangen, mich einem Haufen Leute anzuvertrauen, die mir beim ersten Blick sonderbar und unheimlich erschienen waren. Ich hielt es daher für ratsam, mir im Schiffsraum ein Versteck herzurichten. Ich tat dies, indem ich einen Haufen Bretter in der

Weise zurechtschob, dass ein kleiner freier Raum zwischen den ungeheuren Schiffsrippen für mich entstand.

Ich hatte mein Werk kaum vollendet, als nahende Schritte mich zwangen, in meinen Winkel zu kriechen. Ein Mann ging schwankend unsicheren Schrittes vorbei. Sein Gesicht konnte ich nicht sehen, seine Gesamterscheinung dagegen gut wahrnehmen. Er schien von der Last der Jahre schwach und gebrechlich; seine zitternden Knie vermochten ihn kaum zu tragen. Er murmelte in dumpfen, abgerissenen Worten vor sich hin – in einer Sprache, die ich nicht verstehen konnte, – und wühlte in einer Ecke in einem Haufen seltsamer Instrumente und halb zerfallener Schiffskarten. Sein Gebaren war eine sonderbare Mischung von kindischem Greisentum und der feierlichen Würde eines Gottes. Er ging schließlich wieder an Deck, und ich sah ihn nicht mehr.

***

Ein Gefühl, für das ich keinen Namen habe, hat von meiner Seele Besitz genommen – ein Empfinden, das keine Analyse zulässt, das durch keinen altüberlieferten Lehrsatz, durch keine Erfahrung geklärt werden und zu dem, wie ich fürchte, selbst die Zukunft keinen Schlüssel bieten kann. Bei einem Geist wie dem meinigen ist alles Nachsinnen von Übel. Ich werde niemals – ja, ich weiß es –, niemals diese Gedanken und Vorstellungen zu einem Abschluss bringen. Doch ist es durchaus nicht verwunderlich, wenn diese Vorstellungen unbestimmt sind, da sie so neuartigen Quellen entspringen. Ein neuer Begriff, eine neue Wesenheit ist meiner Seele aufgegangen.

***

Es ist lange her, seit ich das Deck dieses grausigen Schiffes zuerst betrat, und die Fäden meines Geschicks scheinen in einen Punkt zusammenzulaufen. Unbegreifliche Menschen! In einer Versunkenheit, deren Art und Ursache mir unergründlich ist, gehen sie an mir vorbei, ohne mich zu sehen. Mich zu verbergen, ist einfach eine Narrheit, denn das Volk *will* mich nicht sehen! Soeben erst bin ich dicht am Steuermann vorbeigegangen; und es ist noch nicht lange her, dass ich mich in die Privatkabine des Kapitäns hineinwagte und ihr das Material entnahm, um diese Aufzeichnungen niederzuschreiben. Ich werde von Zeit zu Zeit dies Tagebuch fortsetzen. Es ist wahr: Ich werde nicht leicht Gelegenheit finden, es der Welt bekannt zu geben, ich will aber den Versuch nicht unterlassen. Ich werde das Manuskript im letzten Augenblick in eine Flasche schließen und sie ins Meer werfen.

***

Wieder hat sich etwas ereignet, meinen Grübeleien neue Nahrung zu geben. Sind solche Dinge das Werk blinden Zufalls? Ich hatte mich an Deck gewagt und mich, ohne dass man mir die geringste Beachtung schenkte, zwischen einem Stapel Webeleinen und alter Segel auf den Boden der Schaluppe niedergeworfen. Während ich über mein eigenartiges Schicksal nachdachte, strich ich ganz unbewusst mit einem Teerpinsel, der mir irgendwie in die Hand geraten war, über den Knick eines sorgsam gefalteten Leesegels, das neben mir auf einer Tonne lag. Das Leesegel ist jetzt über dem Schiff ausgespannt, und die gedankenlosen Pinselstriche bilden das groß hingeschriebene Wort: *Entdeckung*.

Über die Bauart des Schiffes habe ich in letzter Zeit viele Beobachtungen gemacht. Obgleich gut bewehrt, scheint es mir doch kein Kriegsschiff zu sein. Seine Takelage, seine Form und allgemeine Ausrüstung sprechen dagegen. Was es *nicht* ist, kann ich leicht wahrnehmen; was es *ist*, lässt sich unmöglich sagen. Ich weiß nicht, wie es kommt, aber wenn ich seine seltsame Gestalt, den eigentümlichen Bau seiner Spieren, seine riesenhafte Größe, seine unzähligen Segel, seinen streng einfachen Bug und sein altmodisches Heck betrachte, so sind mir das alles längst vertraute Dinge, und mit diesen unklaren Schatten von Erinnerung vermischt sich eine unbestimmte Vorstellung an alte Bücher und Chroniken und fern vergangene Jahre.

***

Ich habe die Schiffsrippen untersucht. Sie bestehen aus einem Material, das mir fremd ist. Das Holz hat eine eigenartige Struktur, die es gerade für den Zweck, dem es dient, ungeeignet erscheinen lässt. Ich meine seine ungemeine *Porosität*, die nicht zu verwechseln ist mit dem wurmstichigen Zustand aller Schiffe in diesen Gewässern und auch nichts mit dem natürlichen Altersverfall zu tun hat. Die Bemerkung mag vorwitzig erscheinen, doch ich behaupte, das Holz hätte von der Sumpfeiche sein können, wenn es möglich wäre, Sumpfeichenholz durch irgendwelche Mittel biegsam zu machen.

Beim Überlesen des letzten Satzes kommt mir auf einmal ein Kernspruch ins Gedächtnis, den ein alter, wetterharter holländischer Seemann anzuwenden pflegte. »Es ist so gewiss«, sagte er, sobald jemand an seiner Wahrhaftigkeit zweifelte, »so gewiss, als es ein Meer gibt, in welchem das Schiff selbst in seinem Gebälk wächst, wie der lebendige Leib des Seefahrers.«

Vor etwa einer Stunde war ich kühn genug, mich in eine Gruppe der Mannschaft hineinzudrängen. Sie zollten mir nicht die geringste Aufmerksamkeit und schienen, obgleich ich mitten unter ihnen stand, keine Ahnung von meiner Gegenwart zu haben. Sie alle trugen, gleich dem einen, den ich zuerst im Schiffsraum gesehen hatte, untrügliche Zeichen hohen Alters. Ihre Knie wankten vor Schwäche; ihre Schultern waren von Alter und Hinfälligkeit tief gebeugt; ihre zusammengeschrumpfte Haut rasselte im Wind; ihre Stimmen waren leise, zittrig und heiser, ihre Augen glanzlos und triefend, und ihre dünnen, grauen Haare sträubten sich furchtbar im Sturm. Rund um sie her, überall an Deck verstreut, lagen mathematische Instrumente von wunderlicher und ganz veralteter Konstruktion.

***

Ich erwähnte vor einiger Zeit das Hissen eines Leesegels. Seit jener Zeit hat das Schiff, vom Winde umhergeworfen, seinen schrecklichen Lauf nach Süden fortgesetzt; alle Segel, selbst die armseligsten Fetzen, sind vom Royalsegel bis zur untersten Leesegelspiere gehisst, und jeden Augenblick tauchen seine Bramsegel-Rahenfocks in die schaudervollste Wasserhölle, die Menschengeist sich nur vorstellen kann. Ich komme soeben von Deck, wo es mir unmöglich war, Fuß zu fassen, obgleich die Mannschaft wenig Unbehagen zu verspüren scheint. Es ist ein unerhörtes Wunder, dass unser ungeheures Schiff nicht sofort von den Wogen verschlungen wird. Sicherlich sind wir verdammt, für immer am Rande der Ewigkeit dahinzuschweben, ohne den letzten Sprung in den Abgrund tun zu dürfen. Von Wogen, tausendmal höher, als ich sie je gesehen, gleiten wir herab mit der Sicherheit einer Seemöwe, und die gewaltigen Wasser bäumen sich über uns wie Dämonen der Tiefe, doch wie Dämonen, die nur drohen, aber nicht zerstören dürfen. Ich komme dahin, unsere auffallende Rettung aus jeder Gefahr der einzig natürlichen Ursache solcher Wirkung zuzuschieben: Ich muss annehmen, das Schiff befinde sich in irgendeiner Strömung von fortreißender Gewalt.

***

Ich habe dem Kapitän von Angesicht zu Angesicht gegenübergestanden und in seiner eigenen Kabine – aber es kam, wie ich erwartete: Er schenkte mir keine Beachtung. Obgleich ein zufälliger Beobachter in seiner Erscheinung nichts Außergewöhnliches sehen wird, so mischte sich doch in die Verwunderung, mit der ich zu ihm aufsah, ein unwiderstehliches Gefühl von Ehrerbietung und Scheu. An Leibesgröße kommt er mir fast gleich; er hat also etwa fünf Fuß acht Zoll. Seine Gestalt ist stark und wohl gebaut, weder besonders robust noch sonst wie bemerkenswert. Es ist der eigenartige Gesichtsausdruck – ist die starke, wundersame, ergreifende Gewissheit so hohen, so ungeheuren Alters, was sich meiner Seele unauslöschlich einprägt. Seine nur wenig gefurchte Stirn scheint wie von Myriaden von Jahren gezeichnet. Seine grauen Haare sind Urkunden der Vergangenheit, und seine Augen, von noch tieferem Grau, Sibyllen der Zukunft.

Auf dem Boden der Kabine lagen allenthalben seltsame Folianten mit Eisenschlössern und verrostete Instrumente und veraltete, längst vergessene Karten. Er stützte den Kopf in die Hand und brütete mit fieberndem, unruhigem Blick über einem Pergamentblatt, das einen Befehl zu enthalten schien, wenigstens trug es die Unterschrift eines Monarchen. Er murmelte vor sich hin – ganz wie der erste Seemann, den ich im Schiffsraum gesehen hatte – und wieder waren es törichte, unverständliche Worte einer fremden Sprache; und obgleich der Mann dicht neben mir war, schien seine Stimme wie aus Meilenferne zu mir her zu dringen.

***

Das Schiff und alles auf ihm ist wie mit Greisenhaftigkeit beladen. Die Mannschaft gleitet hin und her wie Gespenster begrabener Jahrhunderte; ihre Augen haben einen gierigen, rastlosen Ausdruck, und wenn ihre Gestalten im unsichern Schein der Laternen meinen Weg kreuzen, beschleicht mich ein Gefühl, wie ich es nie zuvor empfand, trotzdem ich mich mein Leben lang mit Altertümern befasst und in Balbek und Tadmor und Persepolis die Schatten zerfallener Säulen in mich aufgesogen habe, bis meine Seele selber zur Ruine wurde.

Ich blicke um mich und schäme mich meiner früheren Besorgnisse. Wenn ich schon vor dem Winde zitterte, der uns bisher begleitete, muss ich nicht vor Entsetzen vergehen in diesem Chaos von Sturm und Meer, demgegenüber Bezeichnungen wie Wirbelwind und Samum bedeutungslos sind? In nächster Nähe des Schiffes ist alles Nacht und unergründlich schwarzes Wasser; in der Entfernung von etwa einer Meile aber, zu beiden Seiten des Schiffes, sieht man undeutlich und in Abständen ungeheure Eiswälle in den trostlosen Himmel ragen, wie Mauern, die das Weltall umschließen.

Es ist, wie ich annahm: das Schiff befindet sich in einer Strömung – wenn man diesen Namen anwenden kann auf eine Flut, die heulend und kreischend zwischen den Eiswällen gen Süden donnert, mit der Geschwindigkeit eines sich überstürzenden Wasserfalls.

***

Das Grauen meiner Empfindungen zu begreifen, ist, wie ich annehme, ganz unmöglich; dennoch wird selbst meine Verzweiflung von der Neugier beherrscht, in die Geheimnisse dieser schaudervollen Gegend einzudringen, von einer Neugier, die mir die entsetzlichste Todesart erträglicher macht. Es ist Tatsache, dass wir irgendeiner unerhörten Erkenntnis entgegeneilen – irgendeinem unenthüllbaren Geheimnis, dessen Enträtselung Untergang bedeutet. Vielleicht führt dieser Strom uns bis zum Südpol selbst. Ich muss bekennen, dass diese augenscheinlich so absurde Vorstellung alle Wahrscheinlichkeit für sich hat.

***

Die Mannschaft wandert mit rastlosen, zitternden Schritten an Deck auf und ab; ihre Gesichter aber tragen eher den Ausdruck leidenschaftlicher Hoffnung als den mutloser Verzweiflung.

Wir treiben noch immer vor dem Wind, und da wir mit Segeln ganz bepackt sind, so wird das Schiff zuweilen geradezu in die Luft gehoben! O Grauen über Grauen! – Die Eismauern rechts und links hören plötzlich auf, und wir wirbeln in ungeheuren konzentrischen Kreisen dahin – rund um den Rand eines riesigen Amphitheaters, dessen gegenüberliegende Seite sich in Dunkel und Ferne verliert. Doch wenig Zeit bleibt mir, über mein Schicksal nachzudenken! Die Spiralen werden enger und enger – wir stürzen mit rasender Eile in den Strudel – und mitten im Donnergeheul von Meer und Sturm erbebt das Schiff, wankt und – o Gott! – versinkt!

Anmerkung: Die Arbeit »Das Manuskript in der Flasche« wurde zum ersten Male im Jahre 1831 veröffentlicht; und erst einige Jahre später wurden mir die Mercatorschen Seekarten bekannt, nach deren Darstellung der Ozean sich in vier Mündungen in den (nördlichen) Polargolf ergießt, um dort von den Eingeweiden der Erde verschlungen zu werden. Der Pol selbst ist dargestellt als ein schwarzer, zu gewaltiger Höhe aufragender Fels.

WILLIAM WILSON

Was sagt von ihm das grimme Gewissen,
Jenes Gespenst in meinem Weg?
W. Chamberlaynes Pharonnia

Erlaubt, dass ich mich William Wilson nenne. Das reine, schöne Blatt hier vor mir soll nicht mit meinem wahren Namen befleckt werden, der meine Familie mit Abscheu und Entsetzen, ja mit Ekel erfüllt. Haben nicht die empörten Winde seine Schmach bis in die entlegensten Länder der Erde getragen? Verworfenster aller verlassenen Verworfenen, bist du für die Welt nicht auf immer tot? Tot für ihre Ehren, ihre Blumen, ihre goldenen Hoffnungen? Und hängt sie nicht ewig zwischen deinem Hoffen und dem Himmel – die dichte, schwere, grenzenlose graue Wolke?

Selbst wenn ich es könnte, würde ich es doch vermeiden, von dem unaussprechlichen Elend und der unverzeihlichen Verdorbenheit meiner letzten Jahre hier zu reden. Von dieser Zeit – von diesen letzten Jahren, die meine Seele so mit Schändlichkeit belastet, will ich nur insofern reden, als ich versuchen will, hier niederzulegen, was mich so in die Tiefen des Bösen hineingetrieben. Gewöhnlich sinkt der Mensch nur nach und nach. Von mir fiel alle Tugend in einem Augenblicke ab, gleich einem Mantel. Aus verhältnismäßig geringer Schlechtigkeit wuchs ich mit Riesenkraft zu den Ungeheuerlichkeiten eines Heliogabalus auf. Welcher

Zufall – welches eine Ereignis dies veranlasste, will ich euch jetzt berichten.

Mir naht der Tod, und der Schatten, der ihm vorhergeht, hat meinen Geist sanftmütig gemacht. Da ich nun das düstere Tal durchschreiten muss, verlangt mich nach dem Mitgefühl, fast hätte ich gesagt nach dem Mitleid meiner Menschenbrüder. Ich möchte sie gerne davon überzeugen, dass ich in gewissem Grade der Sklave von Umständen gewesen bin, die außerhalb menschlicher Berechnung liegen. Ich möchte, dass sie inmitten der Einzelheiten, die ich hier wiedergeben will, in all der Wüste von Fehl und Verirrung, hie und da wie eine Oase die unerbittliche Schicksalsfügung fänden. Ich möchte, dass sie eingeständen, dass – wie sehr auch wir Menschen von Anbeginn der Welt versucht worden – nicht einer so verflucht wurde wie ich und gewisslich nicht einer so unterlag. Lebte ich nicht vielleicht in einem Traum und sterbe als ein Opfer geheimer und schrecklicher äußerer Kräfte, die in uns wirken?

Ich bin der Abkömmling eines Geschlechtes, das sich von jeher durch eine starke Einbildungskraft und ein leicht erregbares Temperament auszeichnete; und schon in frühester Kindheit bewies ich, dass ich ein echter Erbe dieser Familienveranlagung sei. Je mehr ich heranwuchs, desto mehr entwickelten sich jene Eigenschaften, die aus vielen Gründen meinen Freunden zu einer Quelle der Besorgnis und mir selbst zum Kummer wurden. Ich wurde eigensinnig, ein Sklave all meiner wunderlichen Leidenschaften. Meine willensschwachen Eltern, die im Grunde an denselben Fehlern litten wie ich, konnten wenig tun, meine bösen Neigungen zu unterdrücken. Einige schwache und unrichtig angefangene Versuche endeten für sie in völligem Misslingen und infolgedessen für mich in hohem Triumph. Von nun ab war mein Wort Gesetz im Hause, und in einem Alter, in dem andere Kinder fast noch am Gängelbande hängen, war ich in Tun und Lassen mein eigner Herr.

Meine ersten Erinnerungen an einen regelrechten Unterricht sind mit einem großen, weitläufigen Hause in einem düsteren Städtchen Englands verknüpft, wo es eine große Menge riesiger, knorriger Bäume gab und alle Häuser uralt waren. Ja wirklich, es war ein Städtchen wie in einem stillen Traum; alles dort wirkte ehrwürdig und beruhigend. Jetzt, da ich das schreibe, fühle ich wieder im Geiste die erfrischende Kühle seiner tiefschattigen Alleen, atme den Duft seiner tausend Büsche und Hecken und erschauere von Neuem unter dem tiefdunklen Ton seiner Kirchenglocken, die Stunde für Stunde mit plötzlichem Dröhnen die Sonnennebel durchbrachen, in die der verwitterte Kirchturm schlummernd eingebettet lag.

Das Verweilen bei diesen Einzelheiten der Schule und ihrer Umgebung bereitet mir vielleicht die einzige Freude, derer ich jetzt noch fähig bin. Mir, der ich so tief im Elend stecke, der ich die Wirklichkeit so dunkel lastend empfinde, wird man verzeihen, dass ich geringe und zeitweilige Erholung suche im Verweilen bei solchen Einzelheiten, die überdies, so unbedeutend und vielleicht sogar lächerlich sie scheinen mögen, in meiner Erinnerung von großer Wichtigkeit sind, da sie zu einer Zeit und einem Orte in Beziehung stehen, in denen mir die erste unklare Kunde wurde von dem dunklen Geschick, das mich später so ganz umschattete. Erlaubt mir also diese Rückerinnerungen.

Das Haus, ich sagte es schon, war alt und von weitläufiger, unregelmäßiger Bauart. Das Grundstück war sehr umfangreich und von einer hohen festen Backsteinmauer umschlossen, die oben mit Mörtel bestrichen war, in dem Glassplitter steckten. Dieser Festungswall, diese Gefängnismauer bildete die Grenze unseres Reiches, das wir nur dreimal in der Woche verlassen durften: einmal Samstagnachmittag, wenn wir, von zwei Unterlehrern begleitet, gemeinsam einen kurzen Spaziergang in die angrenzenden Felder machen durften, und zweimal des Sonntags, wenn man uns in Reih und Glied zum Morgen- und Abendgottesdienst in die Stadtkirche führte. Der Pfarrer dieser Kirche war unser Schulvorsteher. Mit welch tiefer Verwunderung, ja Ratlosigkeit pflegte ich ihn von unserem entlegenen Platz auf dem Chor aus zu betrachten, wenn er mit feierlich abgemessenen Schritten zur Kanzel emporstieg! Dieser heilige Mann mit der so gottergebenen Miene im strahlenden Priestergewande, mit sorgsam gepuderter, steifer und umfangreicher Perücke – konnte das derselbe sein, der mit saurer Miene und tabakbeschmutzter Kleidung, den Stock in der Hand, drakonische Gesetze ausübte? O ungeheurer Widerspruch, o ewig unbegreifliches Rätsel!

In einem Winkel der gewaltigen Mauer drohte ein noch gewaltigeres Tor. Es war mit Eisenstangen verriegelt und von Eisenspießen überragt. Welch tiefe Furcht flößte es ein! Es öffnete sich nie, abgesehen für die drei regelmäßig wiederkehrenden wöchentlichen Ausgänge; dann aber fanden wir in jedem Kreischen seiner mächtigen Angeln eine Fülle des Geheimnisvollen, eine Welt von Stoff für ernstes Gespräch oder stumme Betrachtung.

Das weite Grundstück war von unregelmäßiger Form und hatte manche umfangreiche Plätze. Drei oder vier der größten bildeten den Spielhof. Er war eben und mit feinem, hartem Kies bedeckt; weder Bäume noch Bänke standen dort. Natürlich lag er in der Nähe des Hauses. Vor dem Hause lag ein schmaler Rasenplatz, mit Buchsbaum und anderem Strauchwerk eingefasst; diesen geheiligten Teil überschritten wir jedoch nur selten, etwa bei Ankunft in der Schule oder bei der endgültigen Abreise oder wenn ein Verwandter oder Freund uns eingeladen, die Weihnachts- oder Sommerferien bei ihm zu verleben.

Aber das Haus! – Was war es für ein komischer, alter Bau! Für mich ein wahres Zauberschloss! Seine Winkel und Gänge, seine unbegreiflichen Ein- und Anbauten nahmen kein Ende. Es war jederzeit schwierig, anzugeben, in welchem seiner beiden Stockwerke man sich gerade befand. Man konnte sicher sein, von einem Zimmer zum anderen immer ein paar Stufen hinauf oder hinunter zu müssen. Dann gab es zahllose Seitengänge, die sich trennten und wieder vereinigten oder sich wie ein Ring in sich selbst schlossen, sodass der klarste Begriff, den wir vom ganzen Hause hatten, beinahe der Vorstellung gleichkam, die wir uns von der Unendlichkeit machten. Während der fünf Jahre, die ich hier verlebte, konnte ich nie mit Sicherheit feststellen, in welchem entlegenen Teile der kleine Schlafsaal lag, der mir und etlichen, achtzehn oder zwanzig, anderen Schülern zugewiesen war.

Das Schulzimmer schien mir der größte Raum im Hause – ja, in der ganzen Welt! Es war sehr lang, schmal und auffallend niedrig, mit spitzen, gotischen Fenstern und einer Decke aus Eichenholz. In einem entlegenen, Schrecken einflößenden Winkel befand sich ein viereckiger Verschlag von acht oder zehn Fuß Durchmesser, der stets während der Unterrichtsstunden das ›sanctum‹ unseres Schulvorstehers, des Reverend Dr. Bransby, bildete. Der Verschlag war durch eine mächtige Türe wohlverwahrt, und wir wären lieber unter Martern gestorben, als dass wir gewagt hätten, in Abwesenheit des Dominus die Türe zu öffnen. In anderen Winkeln standen zwei ähnliche Kästen, vor denen wir zwar weniger Ehrfurcht, aber immerhin Furcht hatten. Einer derselben war das Katheder des Lehrers für klassische Sprachen, der andere das für den Lehrer des Englischen, der gleichzeitig Mathematiklehrer war. Verstreut im Saal, kreuz und quer in wüster Unregelmäßigkeit, standen zahlreiche Bänke und Pulte, schwarz, alt und abgenutzt, mit Stapeln abgegriffener Bücher bedeckt und so mit Initialen, ganzen Namen, komischen Figuren und anderen künstlerischen Schnitzversuchen bedeckt, dass sie ganz ihre ursprüngliche Form, die sie in längst vergangenen Tagen besessen haben mussten, eingebüßt hatten.

Am einen Ende des Saales stand ein riesiger Eimer mit Wasser, am anderen eine Uhr von verblüffenden Dimensionen.

Eingeschlossen von den gewaltigen Mauern dieser ehrwürdigen Anstalt verbrachte ich das dritte Lustrum meines Lebens – doch weder in Langeweile noch Unbehagen. Die überschäumende Gestaltungskraft des kindlichen Geistes verlangt keine Welt der Ereignisse, um Beschäftigungen oder Unterhaltung zu finden, und die anscheinend düstere Einförmigkeit der Schule brachte mir stärkere Erregungen, als meine reifere Jugend aus dem Wohlleben oder meine volle Manneskraft aus dem Verbrechen schöpften. Ich muss allerdings annehmen, dass meine geistige Entwicklung eine ungewöhnliche, ja fast krankhafte gewesen ist. Die meisten Menschen haben in reifen Jahren selten noch eine frische Erinnerung an die großen Ereignisse aus ihrer frühen Kindheit. Alles ist schattenhaft grau – wird schwach und unklar empfunden –, ein unbestimmtes Zusammensuchen matter Freuden und eingebildeter Leiden. Mit mir war es anders. Ich muss schon als Kind mit der Empfindungskraft eines Erwachsenen alles das erlebt haben, was noch jetzt mit klaren, tiefen und unverwischbaren Schriftzügen, wie die Inschriften auf den karthagischen Münzen, in meinem Gedächtnis eingegraben steht.

Und doch, wie wenig – wenig vom Standpunkt der Menge aus – gab es, was der Erinnerung wert gewesen wäre! Das morgendliche Erwachen, der abendliche Befehl zum Schlafengehen, der Unterricht; die jeweiligen schulfreien Nachmittage mit ihren Streifzügen; der Spielplatz mit seiner Kurzweil, seinem Streit, seinen kleinen Intrigen – all dieses, was meinem Geist wie durch einen Zauber lange Zeit ganz entrückt gewesen, war dazu angetan, eine Fülle von Empfindungen, eine Welt reichen Geschehens, eine Unendlichkeit vielfältiger Eindrücke und Leidenschaften zu erwecken. ›O le bon temps, que ce siècle de fer!‹

Es ist Tatsache: Mein feuriges, begeistertes, überlegenes Wesen zeichnete mich vor meinen Schulkameraden aus und hob mich nach und nach über alle empor, die nicht etwa bedeutend älter waren als ich selbst – über alle, mit einer Ausnahme! Diese Ausnahme war ein Schüler, der, obwohl er kein Verwandter von mir war, doch den gleichen Vor- und Zunamen trug wie ich – ein an sich unbedeutender Umstand. Denn ungeachtet meiner edlen Abkunft trug ich einen Namen, der in unvordenklichen Zeiten durch das Recht der Verjährung jedermann freigegeben worden sein mochte. Ich habe mich also hier in meiner Erzählung William Wilson genannt – ein Name, der von dem wirklichen Namen nicht allzu sehr abweicht. Von allen Kameraden nun, die bei unsern Spielen meine »Bande« bildeten, wagte es mein Namensvetter allein, sowohl im Unterricht als auch in Sport und Spiel mit mir zu wetteifern, meinen Behauptungen keinen Glauben zu schenken, sich meinem Willen nicht unterzuordnen – kurz, sich in allem gegen meine ehrgeizige Oberherrschaft aufzulehnen. Wenn es aber auf Erden einen überlegenen und unbeschränkten Despotismus gibt, so ist es der, den der Herrschergeist eines Knaben auf seine weniger willensstarken Gefährten ausübt.

Wilsons Widersetzlichkeit war für mich eine Quelle der Verwirrung, umso mehr, als ich, trotz der prahlerischen Großtuerei, mit der ich ihn und seine Anmaßungen vor den anderen behandelte, ihn im Geheimen fürchtete und annehmen musste, dass nur wahre Überlegenheit ihn befähige, sich mit mir zu messen; mich aber kostete es beständige Anstrengung, nicht von ihm überflügelt zu werden. Doch wurde seine Ebenbürtigkeit in Wahrheit nur von mir selbst bemerkt; unsere Kameraden schienen in unerklärlicher Blindheit diese Möglichkeit nicht einmal zu ahnen. Auch äußerten sich seine Nebenbuhlerschaft und sein hartnäckiger Widerspruch weniger laut und aufdringlich als insgeheim. Es hatte den Anschein, als mangele ihm sowohl der Ehrgeiz, zu herrschen, als auch die leidenschaftliche Willenskraft, sich durchzusetzen. Man konnte glauben, dass nur das launische Vergnügen, mein Erstaunen zu erwecken oder mich zu ärgern, seine Nebenbuhlerschaft veranlasse; trotzdem gab es Zeiten, wo ich voll Verwunderung, Beschämung und Trotz wahrnehmen musste, dass er neben seinen Angriffen, Beleidigungen und Widerreden eine gewisse unangebrachte und mir durchaus unerwünschte Liebenswürdigkeit, ja Zuneigung verriet. Ich konnte mir sein Betragen nur als die Folge ungeheuren Dünkels erklären, der es ja immer liebt, sich in überlegenes Wohlwollen zu kleiden.

Vielleicht war es dieser letztere Zug in Wilsons Benehmen, verbunden mit der Übereinstimmung unserer Namen und dem bloßen Zufall, dass wir beide am nämlichen Tage in die Schule eingetreten waren, was bei den oberen Klassen die Meinung verbreitet hatte, wir seien Brüder; doch pflegten sich die älteren Schüler mit den Angelegenheiten der jüngeren wenig zu befassen. Ich habe schon vorher gesagt, dass Wilson nicht im Entferntesten mit meiner Familie verwandt war. Doch wären wir Brüder gewesen, so hätten wir Zwillinge sein müssen; denn nachdem ich die Anstalt Dr. Brandbys verlassen, erfuhr ich durch Zufall, dass mein Namensvetter am neunzehnten Januar 1813 geboren war – und dieser Umstand ist einigermaßen bemerkenswert, denn es ist genau das Datum meiner eigenen Geburt.

Es mag seltsam erscheinen, dass ich, trotz der fortgesetzten Angst, in die mich die Rivalität Wilsons versetzte, und trotz seines unerträglichen Widerspruchsgeistes, mich nicht dahin bringen konnte, ihn wirklich zu hassen. Gewiss, wir hatten fast täglich Streit miteinander, und wenn er mir dann auch öffentlich die Siegespalme überließ, so gelang es ihm doch, mich irgendwie fühlen zu lassen, dass eigentlich er es war, der sie verdiente; aber ein gewisser Stolz meinerseits und eine echte Würde seinerseits hielten uns davon ab, ernstlich miteinander zu zanken. In unseren Charakteren jedoch gab es viel Verwandtes, und nur unser seltsamer Wetteifer war schuld daran, dass meine Gefühle für ihn nicht zu wahrer Freundschaft reiften. Es ist tatsächlich schwer, das Empfinden, das ich für ihn hatte, zu bestimmen oder zu erklären. Es war ein buntes und widersprechendes Gemisch: etwas eigensinnige Feindseligkeit, die dennoch nicht Hass war, etwas Achtung, mehr Bewunderung, viel Furcht und eine Welt rastloser Neugier. Für Seelenkenner wird es unnötig scheinen hinzuzufügen, dass Wilson und ich die unzertrennlichsten Gefährten waren.

Sicherlich lag es an diesen ganz außergewöhnlichen Beziehungen, dass ich meine Angriffe auf ihn – und es gab deren genug, sowohl offene als versteckte, – in Form einer bösen Neckerei oder eines Schabernacks ausführte, als scheinbaren Spaß, der dennoch Schmerz bereitete; eine derartige Handlungsweise lag meiner Stimmung für ihn näher als etwa ausgesprochene Feindseligkeit. Doch meine Unternehmungen gegen ihn waren keineswegs immer erfolgreich, mochte ich meine Pläne auch noch so pfiffig ausgeheckt haben, denn mein Namensvetter hatte in seinem Wesen so viel vornehme Zurückhaltung, dass er keine Achillesferse bot; wohl spottete er gerne selbst, ihn aber lächerlich zu machen, war beinahe unmöglich. Ich konnte tatsächlich nur einen wunden Punkt an ihm entdecken; es war eine persönliche Eigenheit, die vielleicht einem körperlichen Übel entsprang und wohl von jedem anderen Gegner, der nicht wie ich am Ende seiner Weisheit angelangt gewesen, geschont worden wäre. Mein Rivale hatte eine Schwäche der Sprechorgane, die ihn hinderte, seine Stimme über ein sehr leises Flüstern zu erheben. Ich verfehlte nicht, aus diesem Übel meinen armseligen Vorteil zu ziehen.

Wilson dankte mir das auf mannigfache Weise, und besonders eine Form der Rache hatte er, die mich unbeschreiblich ärgerte. Woher er die Schlauheit genommen, herauszufinden, dass solche scheinbare Kleinigkeit mich kränken könne, ist eine Frage, die ich nie zu lösen vermochte; als er die Sache aber einmal entdeckt hatte, nutzte er sie weidlich aus. Ich hatte stets einen Widerwillen vor meinem unfeinen Familiennamen und meinem so gewöhnlichen, ja geradezu plebejischen Vornamen empfunden. Sein Klang war meinen Ohren abstoßend, und als ich am Tage meines Schulantritts erfuhr, dass gleichzeitig ein zweiter William Wilson eintrete, war ich auf diesen zornig, weil er den verhassten Namen trug, und dem Namen doppelt feind, weil auch noch ein Fremder ihn führte, der nun schuld war, dass ich ihn doppelt so oft hören musste – ein Fremder, den ich beständig um mich haben sollte und dessen Angelegenheiten, so wie der Lauf der Dinge in der Schule nun einmal war, infolge der verwünschten Namensgleichheit unvermeidlicherweise mit den meinigen verknüpft und verwechselt werden mussten.

Mein durch diese Umstände hervorgerufener Verdruss nahm bei jeder Gelegenheit zu, bei der eine geistige oder leibliche Ähnlichkeit zwischen meinem Nebenbuhler und mir zutage trat. Ich hatte damals die bemerkenswerte Tatsache, dass wir ganz gleichaltrig waren, noch nicht entdeckt; aber ich sah, dass wir von gleicher Größe waren und sogar im allgemeinen Körperumriss und in den Gesichtszügen einander glichen. Auch ärgerte mich das in den oberen Klassen umlaufende Gerücht, dass wir miteinander verwandt seien. Mit einem Wort, nichts konnte mich so ernstlich verletzen, ja geradezu beunruhigen (obgleich ich diese Unruhe sorgfältig zu verbergen wusste), wie irgendein Wort darüber, dass wir einander an Geist oder Körper oder Betragen ähnlich seien. Doch hatte ich eigentlich, mit Ausnahme des Gerüchtes von unserer Verwandtschaft, keinen Grund zu der Annahme, dass unsere Ähnlichkeiten jemals zur Sprache gebracht oder überhaupt von unseren Mitschülern wahrgenommen würden. Nur Wilson selbst bemerkte sie offenbar ebenso klar wie ich; dass er darin aber ein so fruchtbares Feld für seine Quälereien fand, kann, wie ich schon einmal sagte, nur seinem ungewöhnlichen Scharfsinn zugeschrieben werden.

Die Rolle, die er spielte, bestand in einer bis ins Kleinste vollendeten Nachahmung meines Ichs in Wort und Tun, und er spielte sie zum Bewundern gut. Meine Kleidung nachzuahmen war ein Leichtes; meinen Gang und meine Haltung eignete er sich ohne Schwierigkeit an; abgesehen von dem Hemmnis, das ihm sein Sprachfehler in den Weg legte, entging nicht einmal meine Stimme seiner Nachahmungskunst. Wirklich laute Töne konnte er selbstredend nicht wiederholen, aber sein Tonfall war ganz der meine, und sein eigenartiges Flüstern wurde zum vollkommenen Echo meiner eigenen Stimme.

Wie sehr dies vortreffliche Porträt mich quälte – denn eine Karikatur kann man es nicht einmal nennen –, will ich nicht zu beschreiben versuchen. Ich hatte nur einen Trost: die Tatsache, dass diese Imitation offenbar nur von mir selbst wahrgenommen wurde und dass ich als einziger Mitwisser nur meinen spöttisch lächelnden Namensvetter hatte. Befriedigt in seinem Herzen, den gewünschten Erfolg erzielt zu haben, schien er innerlich über den mir glücklich beigebrachten Stich zu kichern und war bezeichnenderweise gleichgültig gegen den allgemeinen Beifall, den der Erfolg seiner schlauen Bemühungen leicht hätte einheimsen können. Dass die Schüler tatsächlich seine Absicht nicht fühlten, seine Meisterschaft nicht wahrnahmen und sich an meiner Verspottung nicht beteiligten, war mir monatelang ein unlösbares Rätsel. Vielleicht war es das allmähliche Heranreifen seiner Kopierkunst, was diese so unauffällig machte, oder noch wahrscheinlicher verdankte ich meine Sicherheit vor den anderen dem weisen Maßhalten des Kopisten, der die groben Äußerlichkeiten verachtete (also alles das, was bei einem Bilde oberflächlichen Beschauern auffallen könnte) und vor allem den ganzen Geist seines Originals wiederzugeben suchte – für meine Augen und zu meinem Kummer.

Ich habe bereits mehr als einmal davon gesprochen, welch abscheuliche Beschützermiene er mir gegenüber aufsetzte und wie vorwitzig er gegen meine Anordnungen Einspruch erhob. Seine Einmischungen geschahen oft in Gestalt von Ratschlägen – nicht offen gebotenen, aber heimlich angedeuteten. Ich nahm sie mit einem Widerwillen entgegen, der mit den Jahren immer heftiger wurde. Doch heute, nach so langer Zeit, muss ich ihm jedenfalls die Gerechtigkeit widerfahren lassen, dass ich mich keiner Gelegenheit erinnere, wo die Einflüsterungen, ja, man kann sagen die beabsichtigten Suggestionen meines Rivalen, eine üble oder leichtfertige Richtung genommen hätten, wie sie von seinem unreifen Alter, seiner scheinbaren Unerfahrenheit wohl zu erwarten gewesen wäre. Ich muss ferner gestehen, dass zumindest sein sittliches Fühlen, wenn auch nicht seine allgemeine Begabung, weit stärker war als das meine und dass ich heute wohl ein besserer und darum glücklicherer Mensch sein könnte, hätte ich die Ratschläge, die sein bedeutsames Flüstern andeutete, weniger oft zurückgewiesen; aber ich hasste und verachtete jedes Wort, das aus seinem Munde kam.

Mehr und mehr sträubte ich mich gegen seine widerwärtige Bevormundung und wehrte mich von Tag zu Tag offener gegen das, was ich für unerträgliche Anmaßung hielt. Ich sagte schon, dass in den ersten Jahren unserer Schulkameradschaft meine Gefühle für ihn leicht hätten in Freundschaft ausreifen können; in den letzten Monaten meines Aufenthalts in der Schule aber, in denen übrigens seine Zudringlichkeit mehr und mehr nachgelassen hatte, verwandelte sich mein Empfinden in fast demselben Verhältnis in wirklichen Hass. Ich glaube, er bemerkte das bei irgendeiner Gelegenheit und mied mich von da an – oder tat doch so.

Es war etwa um diese Zeit, wenn ich mich recht erinnere, dass er in einem heftigen Wortwechsel, den wir miteinander hatten, seine Zurückhaltung mehr als gewöhnlich aufgab und mit einer seiner Natur eigentlich fremden Offenheit auftrat. Und bei dieser Gelegenheit entdeckte ich in seinem Tonfall, seiner Miene und seiner ganzen Erscheinung ein Etwas, das mich zuerst verblüffte und dann tief fesselte. Erinnerungen, Vorstellungen aus meiner frühesten Kindheit – seltsame, verwirrte und einander überstürzende Vorstellungen aus einer Zeit, in der mein Gedächtnis noch nicht geboren war, überfielen meinen Geist. Ich kann das sonderbare Gefühl, das mich erfasste, wohl am besten wiedergeben, wenn ich sage, dass es mir schwer wurde, den Glauben abzuschütteln, diesem Wesen, das da vor mir stand, vor langer Zeit einmal, ja vielleicht in unendlich ferner Vergangenheit, verwandt gewesen zu sein. Die Täuschung verschwand jedoch so schnell wie sie gekommen, und ich erwähne sie nur, weil sie mir am Tage der letzten Unterredung mit meinem eigentümlichen Namensvetter kam.

Das riesige alte Haus mit seinen zahllosen Räumen hatte mehrere sehr große Zimmer, die miteinander in Verbindung standen und in denen die Mehrzahl der Schüler ihr Nachtlager hatte. Doch gab es auch, wie das bei einem so ungünstig gebauten Hause selbstverständlich war, viele kleine Kammern und Schlupfwinkel; und diese hatte der haushälterische Geist Dr. Bransbys ebenfalls zu Schlafräumen hergerichtet, wenn auch ein jeder so eng nur war, dass er nur einen einzigen Menschen beherbergen konnte. In einer dieser kleinen Kammern schlief Wilson.

Eines Nachts, gegen Ende meines fünften Schuljahres und kurz nach dem vorhin erwähnten Wortwechsel, erhob ich mich, als alles schlief, und schlich, mit einer kleinen Lampe in der Hand, durch ein Labyrinth von Gängen nach der Schlafkammer meines Rivalen. Da mir meine Rachepläne so oft misslungen waren, hatte ich mir nun einen neuen Schabernack ausgedacht, der ihn die ganze Bosheit fühlen lassen sollte, deren ich fähig war. Als ich sein Kämmerchen erreicht hatte, trat ich geräuschlos ein, nachdem ich die abgeblendete Lampe draußen zurückgelassen. Ich trat einen Schritt vor und hörte ihn ruhig atmen. Als ich mich davon überzeugt hatte, dass er schlief, ging ich zurück, holte die Lampe und trat ans Bett. Es war von Vorhängen umschlossen, die ich langsam und leise beiseiteschob, da sie mich an der Ausführung meines Vorhabens hinderten. Das helle Licht der Lampe traf den Schläfer, als meine Blicke auf sein Antlitz fielen. Ich blickte – und Betäubung, eisige Erstarrung befiel mich. Meine Knie wankten, ich rang nach Atem, meine Seele erfüllte ein unerklärliches, unerträgliches Entsetzen. Und atemlos brachte ich die Lampe seinem Gesicht noch näher. – Dieses waren die Züge William Wilsons? Ich sah es, dass es die seinen waren, aber ich schauerte wie in einem Fieberanfall bei der Vorstellung, sie wären es nicht. Was war an ihnen, das mich so verwirrte? Ich spähte, während tausend unzusammenhängende Gedanken mein Hirn durchkreuzten. Nicht so erschien er – sicherlich nicht so in seinem lebhaft wachen Stunden. Derselbe Name, dieselbe Gestalt, derselbe Antrittstag in der Schule! Und dann sein beharrliches und sinnloses Nachahmen meines Ganges, meiner Stimme, meiner Kleidung und meines Gebarens! Lag es denn wirklich im Bereich des Möglichen – konnte das, was ich jetzt sah, lediglich das Resultat seiner spöttischen Gewohnheit, mich nachzuahmen, sein? Angsterfüllt und mit wachsendem Schauder löschte ich das Licht, ging leise aus dem Zimmer und verließ sogleich die Hallen jenes alten Schulhauses, um sie nie wieder zu betreten.

Nach Verlauf einiger Monate, die ich daheim in Nichtstun verbrachte, kam ich als Student nach Eton. Die kurze Zeit hatte genügt, um die Erinnerung an die Ereignisse im Hause Dr. Bransbys abzuschwächen oder doch um einen großen Wechsel in der Natur meiner Gefühle herbeizuführen. Das Drama hatte seine Tragik verloren. Ich fand jetzt Zeit, den Wahrnehmungen meiner Sinne zu misstrauen, und dachte selten daran zurück ohne eine gewisse

Verwunderung über die autosuggestive Kraft im Menschen und ein Lächeln über die starke Einbildungskraft, mit der ich erblich belastet war. Dieser Skeptizismus konnte auch durch das Leben, das ich in Eton führte, nicht vermindert werden. Der Strudel gedankenloser Tollheit, in den ich dort sogleich und gründlich hinabtauchte, wusch von meinem vergangenen Leben alles bis auf den Schaum ab, verschluckte sofort jeden großen, ernsten Eindruck und ließ in meinem Gedächtnis nur ganz belanglose Äußerlichkeiten haften.

Ich beabsichtige aber nicht, hier näher auf meine Verworfenheit einzugehen – die ruchlosen Ausschweifungen zu schildern, mit denen ich die Gesetze verachtete und der Wachsamkeit meiner Lehrmeister spottete. Drei tolle Jahre waren ohne geistigen Gewinn verprasst und hatten mir nichts gebracht als lasterhafte Gewohnheiten, die meiner körperlichen Entwicklung allerdings sonderbarerweise vorteilhaft gewesen waren. Nach solch einer Woche gehaltloser Zerstreuungen lud ich einmal eine Anzahl der lockersten Vögel, Mitstudenten, zu einem geheimen Zechgelage auf mein Zimmer. Wir versammelten uns zu später Nachtstunde, denn die Völlerei sollte bis zum Morgen ausgedehnt werden. Der Wein floss in Strömen, und es fehlte nicht an anderen und vielleicht gefährlicheren Verführungen; es dämmerte schon schwach im Osten, als unsere tolle Ausgelassenheit ihren Höhepunkt erreicht hatte. Aufgeregt vom Wein und Kartenspiel bestand ich darauf, einen ungewöhnlich ruchlosen Trinkspruch auszubringen, als meine Aufmerksamkeit plötzlich auf das heftige Öffnen einer Tür und die dringliche Stimme eines Dieners hingelenkt wurde. Der Mann sagte, es wolle mich jemand, der es anscheinend sehr eilig habe, draußen im Vorzimmer sprechen.

In meiner fröhlichen Weinstimmung fühlte ich mich von der unerwarteten Störung weniger überrascht als entzückt. Ich schwankte sofort hinaus und stand nach wenigen Schritten draußen in der Vorhalle. In dem niedrigen und schmalen Raum hing keine Laterne, und er war gegenwärtig überhaupt nicht erleuchtet – abgesehen von dem sehr schwachen Morgengrauen, das durch das halbrunde Fenster drang. Als ich den Fuß über die Schwelle setzte, gewahrte ich die Gestalt eines jungen Mannes von etwa meiner Größe, der, ganz meiner momentanen Kleidung entsprechend, einen nach neuestem Schnitt gearbeiteten Hausrock aus weißem Kaschmir trug. So viel enthüllte mir das matte Tageslicht, seine Gesichtszüge konnte ich nicht erkennen. Bei meinem Eintritt kam er eilig auf mich zu, ergriff mich mit heftiger Ungeduld am Arm und flüsterte mir die Worte ›William Wilson‹ ins Ohr.

Ich wurde sofort vollkommen nüchtern.

Da war etwas im Wesen dieses Fremden, im Zittern seines warnend erhobenen Fingers, der im Zwielicht vor meinen Augen schwankte, – da war etwas, was mich mit unbegrenztem Staunen erfüllte. Aber nicht das war es, was mich so heftig erregen konnte; es war der inhaltsschwere, feierliche Verweis, der in der eigenartigen, leise gezischten Äußerung lag, und vor allem der besondere Tonfall, in dem diese zwei wohlbekannten Worte geflüstert wurden und der mit tausend Erinnerungen vergangener Tage auf mich einstürmte und meine Seele traf wie mit einem elektrischen Schlag. Bevor ich wieder Herr meiner Sinne wurde, war die Gestalt verschwunden.

Obgleich der Eindruck, den dies Erlebnis auf meine zügellose Fantasie machte, ein eher tiefer war, blieb er doch nicht von langer Dauer. Einige Wochen allerdings plagte ich mich mit ernsten Fragen und war von krankhaften Vorstellungen umdüstert. Ich versuchte nicht, an der Identität dieses seltsamen Wesens mit jenem, das sich früher schon so hartnäckig in meine Angelegenheiten mischte und mich mit seinem aufdringlichen Rat quälte, zu zweifeln. Doch wer und was war dieser Wilson? Und woher kam er? Und was waren seine Absichten? Auf keine dieser Fragen fand ich eine befriedigende Antwort – nur das eine stellte ich fest, dass ein plötzlich eingetretenes Familienereignis sein Ausscheiden aus Dr. Bransbys Lehranstalt am Nachmittag desselben Tages zur Folge gehabt hatte, an dem ich von dort entflohen war. Nach kurzer Zeit aber ließen meine Gedanken von dieser Sache ab, da meine beabsichtigte Übersiedelung nach Oxford mich vollauf in Anspruch nahm. Bald darauf führte ich diese aus, und die Freigebigkeit meiner Eltern verschaffte mir eine Ausstattung und einen jährlichen Wechsel, der es mir ermöglichte, in all dem mir schon so unentbehrlich gewordenen Luxus zu schwelgen und in der Verschwendungssucht mit den hochfahrenden Erben der reichsten Grafschaften Großbritanniens zu wetteifern.

Durch meine reichen Mittel zum Laster angespornt, brach mein ursprüngliches Temperament mit verdoppeltem Feuer hervor und widersetzte sich sogar der so selbstverständlichen Zügelung, die Sitte und Anstand jedem gebildeten Menschen auferlegen. Doch es wäre unsinnig, wenn ich mich bei den Einzelheiten meines lasterhaften Lebens aufhalten wollte. Mag das Bekenntnis genügen, dass ich als Verschwender selbst den Herodes in den Schatten stellte und dass ich der langen Liste der Laster, die damals an der ausschweifendsten Universität Europas üblich waren, durch Erfindung einer Fülle von neuen Schandtaten einen umfangreichen Anhang hinzufügte.

Und doch ist es wohl schwer zu glauben, dass ich sogar so weit gekommen war, mir die gemeinsten Schliche der Gewohnheitsspieler anzueignen und meine Erfahrung in ihrer verächtlichen Wissenschaft dazu zu benutzen, auf Kosten meiner harmlosen Mitstudenten meine ohnedies ungeheuren Einnahmen zu vergrößern. Aber es war so; und dieses unerhörte Hohnsprechen auf alle Ehre und Manneswürde war zweifellos der Hauptgrund, ja, wohl der einzige Grund, dass ich straflos ausging. Wer unter meinen verwegensten Kameraden würde nicht eher die Klarheit seiner Sinne anzweifeln, als den heiteren, freimütigen, verschwenderischen William Wilson – den vornehmsten und gebildetsten Studenten von Oxford – solcher Gemeinheiten für fähig gehalten haben – ihn, dessen Tollheiten (so sagten die Parasiten) nur Tollheiten seiner überschäumenden Jugend und ungezügelten Fantasie, dessen Fehler nur seltsame Launen, dessen dunkelste Laster nur sorglose, sprudelnde Torheiten waren?

Schon zwei Jahre lang war ich in dieser Weise erfolgreich tätig gewesen, als ein junger, erst jüngst geadelter Emporkömmling namens Glendinning die Universität bezog. Man sagte, er sei reich wie Herodes Atticus und sei auch so leicht wie dieser zu seinen Reichtümern gelangt. Ich entdeckte bald, dass er kein großer Schlaukopf war, und hielt ihn für ein passendes Objekt für die Anwendung meiner einträglichen Kunst. Ich forderte ihn des Öfteren zum Spiel auf, und mit der üblichen List des Falschspielers ließ ich ihn zunächst beträchtliche Summen gewinnen, um ihn später desto sicherer einzufangen. Als mein Plan ausgereift war, traf ich ihn in der Wohnung eines Herrn Preston, eines Mitstudenten, in der bestimmten Absicht, dass diese Begegnung die letzte und entscheidende sein sollte. Preston war mit jedem von uns befreundet, hatte aber natürlich nicht die leiseste Ahnung von meinem Vorhaben. Um der Sache einen harmlosen Anstrich zu geben, hatte ich mich bemüht, eine Gesellschaft von acht oder zehn jungen Leuten dort zu haben, und war peinlich darum besorgt, dass man nur wie zufällig nach den Karten griff und dass mein Opfer selbst danach verlangen sollte. Um kurz zu sein: Ich hatte keinen der niedrigen Kunstgriffe verschmäht, die bei solchen Gelegenheiten so regelmäßig angewendet werden, dass es geradezu ein Wunder ist, wenn es noch immer Dumme gibt, die diese Ränke nicht durchschauen, sondern ihnen zum Opfer fallen.

Unser Beisammensein hatte sich schon bis tief in die Nacht ausgedehnt, als es mir endlich gelang, Glendinning als einzigen Partner zu bekommen. Wir waren bei meinem Lieblingsspiel, dem Ecarté. Die anderen nahmen so lebhaften Anteil an unserem Spiel, dass sie selbst die Karten beiseitegelegt hatten und uns als Zuschauer umringten. Der Emporkömmling, den ich anfänglich zu reichlichem Trinken veranlasst hatte, mischte, gab und spielte mit einer Nervosität, für die seine Trunkenheit nur zum Teil die Ursache sein konnte. In sehr kurzer Zeit schuldete er mir bereits beträchtliche Summen. Nun aber tat er einen tiefen Zug aus seinem Portweinglas und schlug mir vor – was meine kühle Berechnung nicht anders erwartet hatte –, unseren bereits übertrieben hohen Einsatz zu verdoppeln. Mit gut gespieltem Widerstreben und nicht, ehe meine wiederholte Weigerung ihn zu ein paar ärgerlichen Worten veranlasst hatte, die mein Nachgeben gewissermaßen herausforderten, willigte ich schließlich ein. Der Erfolg bewies selbstverständlich nur, wie rettungslos der Partner mir ins Garn gegangen: In kaum einer Stunde hatte er seine Schuld vervierfacht. Seit einer Weile schon hatte sein Gesicht den rosigen Anhauch verloren, den ihm der Wein verlieh, jetzt aber sah ich zu meinem Erstaunen, dass es grauenhaft bleich geworden war. Ich sage zu meinem Erstaunen, denn man hatte mir Glendinning bei meinen eifrigen Nachforschungen als unermesslich reich hingestellt, und wenn seine Verluste auch sehr hoch waren, so konnten sie ihn doch, wie ich annahm, nicht ernstlich schädigen, wie viel weniger so tief erschüttern. Der nächstliegende Gedanke war natürlich, seinen Zustand als eine Folge des übertriebenen Weingenusses anzusehen; aber als ich, mehr zu dem Zweck, mich vor den Kameraden in ein gutes Licht zu setzen, als aus irgendeinem anderen Grunde, gerade die feste Absicht kundtun wollte, das Spiel abzubrechen, machten mir ein paar Äußerungen der hinter mit Stehenden und ein Ruf der Verzweiflung seitens Glendinnings klar, dass ich seinen vollständigen Ruin herbeigeführt hatte, und unter Umständen, die ihn zum Gegenstand des allgemeinen Mitleids machten und ihn wohl selbst vor den Bosheiten eines Teufels hätten bewahren müssen.

Wie ich mich nun weiter verhalten haben würde, ist schwer zu sagen. Der bedauernswerte Zustand meines Gimpels hatte uns alle in eine gewisse Verlegenheit versetzt; es herrschte minutenlanges Schweigen, und ich fühlte, wie meine Wangen unter den vielen zornigen und vorwurfsvollen Blicken brannten. Ich muss sogar zugeben, dass mir durch die nun plötzlich eintretende unerwartete Unterbrechung für einen kurzen Augenblick eine schwere Last, ein unerträgliches Gefühl der Beklemmung vom Herzen genommen wurde. Die großen, schweren Flügeltüren wurden auf einmal mit heftigem Ungestüm aufgeworfen, sodass wie mit einem Zauberschlag alle Lichter im Raum erloschen. In ihrem Hinflackern sahen wir noch, dass ein Fremder eingetreten war; er hatte ungefähr meine Größe und war eng in einen Mantel gehüllt. Schnell aber war es vollständig dunkel geworden, und wir konnten nur fühlen, dass er in unserer Mitte stand. Ehe einer von uns sich von dem Staunen erholt hatte, in das dies ungehörige Gebaren uns alle versetzte, vernahmen wir die Stimme des Eindringlings.

»Meine Herren«, sagte er in einem leisen, deutlichen und wohlbekannten Flüsterton, der mir bis ins Mark drang, »meine Herren, ich versuche nicht, mein Auftreten zu entschuldigen, denn ich komme, um meine Pflicht zu erfüllen. Sie sind zweifellos über den wahren Charakter des Herrn, der heute Nacht beim Ecarté dem Lord Glendinning eine große Summe abgewann, nicht unterrichtet. Ich will Ihnen daher mitteilen, wie Sie sich rasch und sicher die nötigen Aufklärungen verschaffen können. Bitte untersuchen Sie nur gründlich das Futter seines linken Ärmelaufschlags und die verschiedenen kleinen Päckchen, die sich in den reichlich großen Taschen seines bestickten Hausrocks finden werden.«

Während er sprach, herrschte eine so tiefe Stille, dass man das Niederfallen einer Stecknadel hätte hören können. Als er geendet, verließ er das Zimmer ebenso plötzlich, wie er es betreten. Kann ich – soll ich meine Gefühle schildern? Muss ich sagen, dass ich alle Schrecken der Verdammten durchlebte? Ich hatte wenig Zeit zum Nachdenken. Viele Hände packten mich rau, und es wurde sofort wieder Licht gemacht. Die Suche begann. Im Futter meines Ärmels fand man alle zum Ecarté gehörigen hohen Karten und in den Taschen meines Hausrocks eine Anzahl Kartenspiele, die den bei unseren Sitzungen gebräuchlichen vollkommen glichen, nur gehörten meine zu denen, die man mit dem Fachausdruck als die »abgerundeten« bezeichnet: Die hohen Karten waren oben und unten, die niederen an den Seiten leicht konvex. Wenn nun der Gimpel beim Abnehmen die Karten, wie es üblich ist, seitwärts abhebt, so wird er jedes Mal seinem Partner eine hohe Karte zuteilen; während der Falschspieler an der Schmalseite abhebt und folglich seinem Opfer keine Karte gibt, die im Spiel von irgendwelchem Wert ist.

Wäre man nach dieser Entdeckung in Entrüstung ausgebrochen – ich hätte es leichter ertragen können als die schweigende Verachtung und hohnvolle Gelassenheit, mit der man die Sache aufnahm. »Herr Wilson«, sagte unser Gastgeber, während er sich bückte und einen kostbaren Pelzmantel aufhob, »Herr Wilson, der Mantel gehört wohl Ihnen.« (Es war kaltes Wetter, und als ich meine Wohnung verließ, hatte ich daher, da ich nur im Hausrock war, einen Mantel übergeworfen, den ich dann hier im Hause abgelegt.) »Ich denke, es ist überflüssig, auch hier noch nach weiteren Beweisen Ihrer Hinterlist zu suchen.« (Er betrachtete den Mantel mit bitterem Lächeln.) »Wir haben schon genug davon. Sie sehen wohl selbst die Notwendigkeit ein, Oxford zu verlassen – jedenfalls aber sofort meine Wohnung zu verlassen.«

Verhöhnt und gedemütigt, wie ich durch diese Rede war, hätte ich mich wahrscheinlich sofort durch eine tätliche Beleidigung gerächt, wäre nicht im selben Augenblick meine ganze Aufmerksamkeit durch eine höchst sonderbare Tatsache gefesselt worden. Der Mantel, den ich bei meinem Herkommen getragen, war aus sehr seltenem Pelzwerk; wie selten, wie außerordentlich kostbar es war, wage ich gar nicht zu sagen. Auch entstammte seine Machart meinem eigenen Erfindergeist, denn ich war, was meine Kleidung anlangte, geradezu geckenhaft eitel. Als mir daher Herr Preston jenen Mantel reichte, den er in der Nähe der Flügeltür vom Boden aufgehoben, gewahrte ich mit Staunen und Entsetzen, dass ich den meinigen bereits auf dem Arm trug (ich hatte ihn anscheinend ganz unwillkürlich schon ergriffen) und dass der mir dargebotene in jedem, selbst dem kleinsten Teilchen, sein vollkommenes Gegenstück war. Das merkwürdige Wesen, das mich so schrecklich bloßgestellt, war, wie ich mich erinnere, in einen Mantel gehüllt gewesen, und keiner aus unserer Gesellschaft außer mir hatte einen solchen umgehabt. Mit einiger Geistesgegenwart nahm ich den Mantel, den Preston mir reichte, legte ihn unbemerkt über den anderen auf meinen Arm und verließ mit finsteren, trotzigen Blicken das Zimmer. Am anderen Morgen trat ich vor Tagesanbruch eine Reise nach dem Kontinent an, gehetzt von Scham und Entsetzen.

Ich floh vergebens! Mein böses Geschick verfolgte mich frohlockend und zeigte, dass seine geheimnisvolle Macht eigentlich jetzt erst beginne. Kaum hatte ich meine Schritte nach Paris gelenkt, als ich neue Beweise von der Anteilnahme erhielt, die dieser fürchterliche Wilson für meine Angelegenheiten zeigte. Jahre vergingen – ich fand keine Erlösung. Der Schurke! – mit welch ungelegener, welch gespenstischer Geschäftigkeit trat er in Rom zwischen mich und meine ehrgeizigen Pläne! Und in Wien ebenso – in Berlin – in Moskau! Wo, ja wo ward mir nicht bittere Ursache, ihn aus tiefstem Herzen zu verwünschen? Schließlich floh ich vor seiner rätselhaften Tyrannei wie ein halb Wahnsinniger – und bis an das Ende der Welt floh ich vergebens.

Und wieder und wieder fragte meine Seele sich in geheimer Zwiesprache mit sich selbst: ›Wer ist er? – Woher kam er? Und was sind seine Absichten?‹ Doch war keine Antwort zu finden. Und nun forschte ich mit peinlichster Genauigkeit der Art, dem Vorgehen, den herrschenden Zügen seiner unverschämten Überwachung nach. Aber selbst hier gab es nur wenig, worauf sich eine Vermutung gründen ließ. Es war allerdings auffallend, dass es ihm bei jedem der zahlreichen Fälle, in denen er seit Kurzem meinen Weg kreuzte, lediglich darauf ankam, solche Pläne zu vereiteln oder solche Handlungen zunichtezumachen, die, wenn sie zur vollen Ausführung gelangt wären, schlimmes Elend gezeitigt hätten. Welch eine armselige Rechtfertigung für eine so gewalttätige Bevormundung – für ein so hartnäckiges, so freches Eingreifen in meine natürlichen Rechte der Selbstbestimmung!

Ich hatte ferner festgestellt, dass mein Peiniger, der mit wundersamer Geschicklichkeit meine Erscheinung bis ins Kleinste nachahmte, es bei seinen jedesmaligen Einmischungen so einzurichten gewusst hatte, dass ich seine Gesichtszüge nicht zu sehen bekam. Mochte Wilson sein, wer er wollte, das jedenfalls war die abgeschmackteste Ziererei und Albernheit. Konnte er nur einen Augenblick annehmen, dass ich in dem Warner aus Eton – in dem Zerstörer meiner Ehre in Oxford –, in ihm, der in Rom meine hochfliegenden Pläne, in Paris meine Rachegelüste, in Neapel meine leidenschaftliche Liebe vereitelte und in Ägypten ein Vorhaben störte, das er fälschlicherweise meiner Habgier zuschrieb, – dass ich in diesem meinem Erbfeind und bösen Geist den William Wilson meiner Schuljahre nicht wiedererkennen würde – den Namensvetter, den Kameraden, den Rivalen – den verhassten und gefürchteten Rivalen im Hause Dr. Brandbys? Unmöglich! –

Doch lasst mich zu der letzten ereignisreichen Szene des Dramas kommen.

Bis jetzt hatte ich mich seiner Herrschaft blindlings unterworfen. Die tiefe Ehrfurcht, mit der ich gewohnt war, den überlegenen Charakter, die göttliche Weisheit, die scheinbare Allgegenwart und Allmacht Wilsons anzusehen, hatte, gemischt mit dem Entsetzen, mit dem gewisse andere Züge seines Wesens mich erfüllten, mich von meiner eigenen Schwäche und Hilflosigkeit überzeugt und eine vollständige, wenn auch widerstrebende Unterwerfung unter seinen despotischen Willen herbeigeführt. In letzter Zeit aber hatte ich mich ganz dem Wein ergeben, und sein aufreizender Einfluss auf mein ererbtes Temperament machte mir dies Überwachtsein immer unerträglicher. Ich begann zu murren – zu überlegen – zu widerstreben. Und war es nur Einbildung, was mich glauben ließ, dass mit meiner zunehmenden Festigkeit diejenige meines Peinigers im entsprechenden Verhältnis abnahm? Sei dem, wie ihm wolle, ich begann jetzt zu fühlen, dass brennende Hoffnung in mir erwachte, und nährte schließlich in meinen geheimsten Gedanken den festen und verzweifelten Entschluss, meine sklavische Unterwerfung abzuschütteln.

Es war in Rom, als ich im Karneval des Jahres 18… einem Maskenfest im Palazzo des napolitanischen Herzogs di Broglio beiwohnte. Ich hatte noch reichlicher als sonst dem Weine zugesprochen, und jetzt quälte mich die erstickende Luft der überfüllten Räume unerträglich. Auch die Schwierigkeit, mit der ich mir durch das Gewühl der Gäste meinen Weg bahnen musste, trug nicht wenig dazu bei, meine Stimmung reizbar zu machen; denn ich suchte (lasst mich verschweigen, aus welch unwürdigem Grunde), suchte eifrig die junge und fröhliche und wunderschöne Frau des alten kindischen Narren di Broglio. In ihrem sorglosen Vertrauen hatte sie mir verraten, welches Maskengewand sie tragen werde, und nun hatte ich sie erspäht und eilte, in ihre Nähe zu gelangen. In diesem Augenblick fühlte ich eine leichte Hand auf meiner Schulter und in meinem Ohr das unvergessliche, verwünschte Flüstern.

In einem wahren Wutanfall wandte ich mich dem Störer zu und ergriff ihn heftig beim Kragen. Er war, wie ich es erwartet, in genau das gleiche Gewand gekleidet wie ich selbst; so trug also auch er einen karminroten Gürtel, in dem ein Rapier steckte. Eine schwarze Seidenmaske bedeckte sein Gesicht.

»Schurke!«, sagte ich mit vor Wut heiserer Stimme, während jede Silbe, die ich sprach, meinen Zorn mit neuen Gluten schürte; »Schurke! Betrüger! Verfluchter Schuft! Du sollst mich nicht – du wirst mich nicht zu Tode hetzen! Folge mir, oder ich steche dich hier auf der Stelle nieder!« – Und ich bahnte mir aus dem Ballsaal den Weg in das angrenzende kleine Vorzimmer und zog ihn mit Gewalt mit mir.

Als ich dort eintrat, schleuderte ich ihn wütend von mir fort. Er schwankte gegen die Wand, ich schloss fluchend die Tür und gebot ihm, den Degen zu ziehen. Er zögerte nur einen Augenblick; dann seufzte er leise, zog den Degen und stellte sich in Bereitschaft.

Der Zweikampf war kurz genug. Ich war in rasender Aufregung und blinder Wut und fühlte in meinem Arm die Kraft von Hunderten. In wenigen Sekunden drängte ich ihn gegen die Wand zurück, und da ich ihn nun ganz in meiner Gewalt hatte, stach ich ihm die Waffe in viehischer Gier wieder und wieder durchs Herz.

Da versuchte jemand, die Tür zu öffnen. Ich eilte hin, um eine Störung fernzuhalten, kehrte aber sofort zu meinem sterbenden Gegner zurück. Doch welche menschliche Sprache kann das Erstaunen – das Entsetzen – wiedergeben, das mich bei dem Schauspiel erfasste, das sich nun meinen Blicken bot. Der kurze Augenblick, für den ich die Augen abgewendet, hatte genügt, um drüben am anderen Ende des Zimmers eine Veränderung zu schaffen. Ein großer Spiegel – so schien es mir zuerst in meiner Verwirrung – stand jetzt da, wo vorher keiner gewesen war; und als ich im höchsten Entsetzen zu ihm hinschritt, näherten sich mir aus seiner Fläche meine eigenen Züge – bleich und blutbesudelt –, meine eigene Gestalt, ermatteten Schrittes.

So schien es, sage ich, doch war es nicht so. Es war mein Gegner – es war Wilson, der da im Todeskampfe vor mir stand. Seine Maske und sein Mantel lagen auf dem Boden, da, wo er sie hingeworfen. Kein Faden an seinem Anzug – keine Linie in den ausgeprägten und eigenartigen Zügen seines Antlitzes, die nicht bis zur vollkommenen Identität mein eigen gewesen wären!

Es war Wilson; aber seine Sprache war kein Flüstern mehr, und ich hätte mir einbilden können, ich selber sei es, der da sagte: »Du hast gesiegt, und ich unterliege. Dennoch, von nun an bist auch du tot – tot für die Welt, den Himmel und die Hoffnung! In mir lebtest du – und nun ich sterbe, sieh hier im Bilde, das dein eigenes ist, wie du dich selbst ermordet hast.«

METZENGERSTEIN

Die Familien Berlifitzing und Metzengerstein lagen seit Jahrhunderten in Zwist. Nie noch sah man zwei so erlauchte Häuser in so erbitterter und tödlicher Feindschaft. Sie mochte in den Worten einer uralten Prophezeiung begründet sein, die also lautete: Ein stolzer Name soll in Schrecken untergehen, wenn, wie der Reiter über sein Ross, die Sterblichkeit von Metzengerstein triumphieren wird über die Unsterblichkeit von Berlifitzing.

Gewiss, die Worte an sich hatten wenig oder gar keinen Sinn. Doch unbedeutendere Ursachen haben geradeso schwerwiegende Folgen gehabt. Übrigens hatten die beiden benachbarten Familien lange Zeit darin gewetteifert, ihren Einfluss auf die Regierungsgeschäfte geltend zu machen. Ferner sind Nachbarn selten Freunde, und die Bewohner des Schlosses Berlifitzing konnten von ihren hohen Säulengängen bis in die Fenster der Burg Metzengerstein schauen. Und überdies hatte sich die mehr als lehnsherrliche Pracht der Metzengerstein in einer Art geäußert, die den leicht erregbaren Stolz der weniger ahnenreichen und weniger begüterten Berlifitzings verletzen musste. Was Wunder also, dass jene Prophezeiung, so dumm sie auch klingen mochte, eine Feindschaft zwischen den zwei Familien zuwege brachte, die ohnedies durch erbliche Belastung zu Streit und Eifersucht veranlagt waren. Die Voraussage schien, wenn sie irgendetwas besagte, so jedenfalls einen endgültigen Triumph des bereits jetzt mächtigeren Hauses anzukündigen, und wurde darum mit umso bittererem Hass von der schwächeren und weniger einflussreichen Partei im Gedächtnis behalten.

Wilhelm Graf Berlifitzing war, obgleich von hoher Abkunft, zur Zeit dieser Erzählung ein kraftloser und kindischer Greis. Er hatte weiter nichts Bemerkenswertes an sich als eine übertriebene und hartnäckige Abneigung gegen die Familie seines Nebenbuhlers und eine so leidenschaftliche Liebe für Pferde und Jagd, dass weder seine körperliche Schwäche noch sein Alter oder sein Schwachsinn ihn davon abhalten konnten, täglich an den Gefahren des Jagdvergnügens teilzunehmen. Friedrich Baron Metzengerstein dagegen war noch nicht einmal mündig. Sein Vater, der Minister gewesen, starb in jungen Jahren, seine Mutter, Baronin Marie, war ihm bald ins Grab gefolgt. Friedrich war damals achtzehn Jahre alt. In einer Stadt sind achtzehn Jahre keine lange Zeitspanne. In einer Wildnis aber, in der köstlichen Einsamkeit dieses alten Stammsitzes, hat jeder Pendelschwung weit tiefere Bedeutung.

Zufolge besonderer Bestimmungen des Hausgesetzes trat der Baron bei Ableben seines Vaters sogleich die Herrschaft über die ausgedehnten Besitzungen an. Selten wohl hatte ein ungarischer Edelmann solch herrliche Güter besessen. Zahllose Schlösser waren sein, das bedeutendste an Pracht und Ausdehnung aber war Schloß Metzengerstein. Die Grenzlinie seines Gebietes war niemals sicher festgestellt worden, aber allein der große Park hatte einen Umfang von fünfzig Meilen. Als der so jugendliche Herr, dessen Charakter allgemein bekannt war, in den unbeschränkten Besitz des riesigen Vermögens kam, war man sich über sein künftiges Auftreten so ziemlich im Klaren. Und wirklich, drei Tage lang stellten die Taten des jungen Erben selbst die des Herodes in den Schatten und übertrafen sogar bei Weitem die Erwartungen seiner begeisterten Bewunderer. Schandbare Schwelgereien, gemeine

Treulosigkeit, unerhörte Scheußlichkeiten gaben seinen zitternden Vasallen bald zu verstehen, dass weder kriechende Unterwürfigkeit ihrerseits noch Gewissensbisse seinerseits jemals irgendwelche Sicherheit gewähren würden vor den erbarmungslosen Fängen dieses kleinen Caligula. In der Nacht des vierten Tages gerieten die Stallungen des Schlosses Berlifitzing in Brand, und die einmütige Ansicht der Nachbarschaft war, dass die Brandstiftung auf die grauenvolle Liste der Untaten und Gräuel des Barons zu setzen sei.

Während des Aufruhrs, den dies Ereignis mit sich brachte, saß der junge Edelmann anscheinend in tiefen Gedanken in einem großen, einsamen und hoch gelegenen Gemach des Stammschlosses Metzengerstein. Die kostbaren, obgleich verblassten Wandteppiche, die ringsum düster herabhingen, zeigten die schattenhaften und herrischen Gestalten von wohl tausend erlauchten Ahnen. Hier saßen hermelingeschmückte Priester und geistliche Würdenträger vertraulich neben Autokraten und Fürsten und legten gegen die Ansprüche eines weltlichen Königs ihr Veto ein oder hielten mit dem Machtspruch päpstlicher Obergewalt das rebellische Zepter des Erzfeindes in Bann. Dort tummelten die dunklen, hohen Gestalten der Ritter von Metzengerstein ihre kraftvollen Kriegsrosse auf den Leichen der besiegten Feinde und machten mit ihren entschlossenen Mienen selbst stählerne Nerven erschauern. Und hier wieder schwebten wollüstige und schwanengleiche Damen aus längst vergangenen Zeiten in irren, unwirklichen Tänzen zu den Tönen einer unwirklichen Melodie.

Während der Baron auf den anwachsenden Tumult in den Ställen der Berlifitzing lauschte oder vielleicht über irgendeine neue, noch dreistere Tat nachsann, hafteten seine Blicke unwillkürlich auf der Gestalt eines riesenhaften Pferdes von ganz seltsamer Farbe, das auf der Wandverkleidung als das Ross eines sarazenischen Vorfahren der gegnerischen Familie dargestellt war. Das Pferd selbst stand regungslos im Vordergrund des Bildes, sein gefällter

Reiter aber starb im Hintergrunde unter dem Dolchstich eines Metzengersteins. Ein teuflisches Lächeln umspielte Friedrichs Lippen, als er sich bewusst wurde, welche Richtung sein Blick unbeabsichtigt genommen hatte. Er wandte die Augen nicht ab, obwohl eine unerklärliche, erstickende Angst sich wie ein Leichentuch auf seine Sinne legte. Nur mit Mühe konnte er dies traumhafte und sonderbare Empfinden mit der Gewissheit, wach zu sein, vereinigen. Je länger er schaute, desto bannender wurde der Zauber, desto unmöglicher schien es ihm, jemals den Blick von dem seltsamen Bilde wieder abwenden zu können. Als aber der Aufruhr draußen plötzlich noch wilder tobte, richtete er mit gewaltsamer Anstrengung seine Aufmerksamkeit auf den roten Lichtschein, der aus den flammenden Ställen auf die Fenster des Gemaches fiel. Nur einen Augenblick tat er das, dann schweiften seine Augen ganz unwillkürlich wieder zur Wand. Da nahm er mit Staunen und schauderndem Entsetzen wahr, dass der Kopf des riesigen Hengstes inzwischen seine Stellung geändert hatte. Vorher waren Hals und Kopf des Tieres wie mitfühlend zu dem am Boden liegenden Herrn herabgebeugt, jetzt hatten sie sich in voller Länge gegen den Baron ausgestreckt. Die Augen, die vorher unsichtbar blieben, hatten einen eindringlichen Menschenblick und glühten in merkwürdig rotem Feuer, und die aufgewölbten Lippen des offenbar wütenden Tieres legten ekelhafte Totenzähne bloß.

Betäubt vor Schrecken wankte der junge Edelmann zur Tür. Als er sie aufwarf, strömte eine Flut roten Lichtes weit ins Zimmer und zeichnete seinen klar umgrenzten Schatten gegen den schwankenden Wandteppich. Und er schauderte, als er, der zögernd auf der Schwelle stand, bemerkte, dass dieser Schatten genau die Gestalt des erbarmungslosen und triumphierenden Mörders des Sarazenen-Berlifitzing deckte.

Um seiner selbst wieder Herr zu werden, eilte der Baron ins Freie. Am Haupttor des Schlosses traf er auf drei Stallburschen.

Mit großer Mühe und Lebensgefahr versuchten sie die wilden Sprünge eines riesigen, feuerfarbenen Rosses zu bändigen.

»Wessen Pferd? Wie kommt ihr zu ihm?«, fragte der Jüngling in heiserer Angst, denn er hatte sofort bemerkt, dass der geheimnisvolle Hengst auf dem Wandteppich das genaue Ebenbild des rasenden Tieres hier war. »Es ist Ihr eigen, Herr«, erwiderte einer der Burschen. »Wenigstens hat sich kein anderer als Eigentümer gemeldet. Wir fingen es ein, als es dampfend und vor Wut schäumend aus den brennenden Ställen des Schlosses Berlifitzing floh. Wir nahmen an, dass es zu des alten Grafen Gestüt ausländischer Rosse gehörte, und führten es als einen Durchgänger zurück. Aber die Stallknechte dort erheben keinen Anspruch auf das Pferd, und das ist doch seltsam, denn es zeigt sichtbare Spuren, dass es mit knapper Not den Flammen entronnen ist.«

»Auch trägt es deutlich die Buchstaben W. v. B. auf der Stirn eingebrannt«, ergänzte ein zweiter Bursche. »Ich dachte natürlich, es wären die Zeichen von Wilhelm von Berlifitzing – aber alle im Schlosse leugnen durchaus, das Pferd zu kennen.«

»Höchst seltsam!«, sagte der junge Baron nachdenklich und offenbar ohne selbst zu wissen, was er sagte. »Es ist, wie ihr sagt, ein merkwürdiges, ein wundersames Tier! Allerdings auch, wie ihr ebenfalls richtig bemerkt, von argwöhnischem und unfügsamem Wesen. – Gut also, es sei mein!«, setzte er nach einer Pause hinzu. »Ein Reiter wie Friedrich von Metzengerstein kann vielleicht selbst noch den Teufel aus dem Stalle der Berlifitzing bändigen.«

»Sie sind in einem Irrtum, Herr; das Pferd stammt, wie wir wohl bereits sagten, nicht aus den Ställen des Grafen. Wäre das der Fall, so hätten wir unsere Pflicht besser gekannt, als es vor eine so hohe Persönlichkeit Ihrer Familie zu bringen.«

»Allerdings wahr«, bemerkte der Baron trocken. In diesem Augenblick kam eilig und mit roten Wangen ein junger Kammerdiener aus dem Schloß herbeigelaufen. Er berichtete dem Herrn im

Flüsterton, dass in einem der oberen Zimmer – er bezeichnete es näher – ein kleines Stück Wandverkleidung plötzlich verschwunden war. Er erzählte allerlei Einzelheiten, aber so leise, dass die neugierigen Stallburschen nicht auf ihre Rechnung kamen.

Der junge Friedrich schien während dieses Berichtes sehr erregt. Bald jedoch fand er seine Ruhe wieder, und mit einer Miene voll böser Entschlossenheit gab er den kurzen Befehl, dass das fragliche Zimmer sogleich zu verschließen und der Schlüssel ihm selbst zu übergeben sei.

»Haben Sie von dem unglückseligen Tod des alten Berlifitzing gehört?«, fragte einer der Untergebenen den Baron, als der Diener sich wieder entfernt hatte und das riesige Ross, das der Edelmann soeben in Besitz genommen, mit verdoppelter Wut die lange Allee hinunterstürmte, die das Schloss mit den Stallungen der Metzengerstein verband.

»Nein!«, wandte der Baron sich hastig an den Sprecher.

»Tot, sagst du?«

»Wahrhaftig ja, Herr! Und einem Edlen Ihres Namens wird diese Nachricht, wie ich mir denke, nicht unwillkommen sein.«

Ein flüchtiges Lächeln flog über das Antlitz des andern.

»Wie starb er?«

»Bei seinem eiligen Bemühen, seine Lieblingspferde zu retten, kam er selber elend in den Flammen um.«

»Wahr–haf–tig?«, sagte der Baron langsam, als übermanne ihn allmählich die Überzeugung von der Wahrheit eines aufregenden Gedankens.

»Wahrhaftig!«, beteuerte der Knecht.

»Entsetzlich!«, sagte der Jüngling ruhig und kehrte ins Schloß zurück. –

Von dieser Stunde an war das Betragen des jungen Barons Friedrich von Metzengerstein ein gänzlich anderes. Wirklich, es täuschte alle Erwartungen und machte die Wünsche zunichte, die so manche berechnende Mutter im Stillen gehegt hatte. Mehr noch als bisher wich er in Manieren und Gewohnheiten von den Sitten der benachbarten Aristokratie ab. Er wurde nie mehr außerhalb der Grenzen seiner eigenen Besitzungen gesehen und war auf der weiten, geselligen Welt ohne jeden Gefährten, es sei denn, dass das unnatürliche, wilde feuerfarbene Pferd, das er jetzt täglich ritt, irgendein geheimnisvolles Recht auf diese Bezeichnung gehabt hätte.

Die Nachbarschaft aber schickte noch immer ihre Einladungen: »Will der Baron unser Fest mit seiner Gegenwart beehren?«, »Will der Baron uns auf einer Eberjagd Gesellschaft leisten?«. »Metzengerstein jagt nicht«, »Metzengerstein kommt nicht«, waren seine lakonischen Antworten.

Solche wiederholten Beleidigungen mochte der hochmütige Adel sich nicht lange gefallen lassen. Die Einladungen wurden weniger herzlich, weniger häufig, und schließlich hörten sie ganz auf. Die Witwe des unglücklichen Grafen Berlifitzing sprach sogar die Hoffnung aus, es möge einmal dahin kommen, dass der Baron genötigt sei, zu Hause zu bleiben, wenn er nicht wünsche zu Hause zu bleiben, da er die Gesellschaft von seinesgleichen verachte. Und auszureiten, wenn er nicht wünsche auszureiten, da er die Gesellschaft eines Pferdes vorziehe. Das war natürlich ein recht alberner Ausspruch und bewies nur, wie höchst unsinnig unsere Rede gerade dann wird, wenn wir ihr ganz besondere Bedeutung geben möchten.

Die Sanftmütigen jedoch suchten das veränderte Benehmen des jungen Edelmannes aus der so natürlichen Trauer des Sohnes um den frühen Verlust der Eltern abzuleiten; sie hatten anscheinend ganz sein ungezügeltes und ruchloses Betragen in den ersten Tagen nach jenem Verluste vergessen. Es gab noch andere, welche die Schuld dem hochmütigen Selbstbewusstsein des jungen Mannes zuschrieben. Und wieder andere, zu denen auch der Hausarzt gehörte, sprachen von krankhafter Schwermut und erblicher Belastung, während bei der Mehrzahl noch dunklere und zweideutigere Mutmaßungen in Umlauf waren.

Ja, des Barons verrückte Zuneigung zu seinem jüngst eingestellten Hengst – eine Zuneigung, die aus jedem neuen Beweis von des Tieres Wildheit und teuflischem Gebaren neue Kräfte zu schöpfen schien, – wurde in den Augen aller vernünftig denkenden Leute zu einer Äußerung widerlicher Unnatur. Ob glühende Mittagszeit, ob tote Nachtstunde, ob krank oder gesund, ob Sturm oder Sonne, immer schien der junge Metzengerstein wie festgeschmiedet in den Sattel jenes ungeheuren Rosses, dessen unzähmbare Wildheit so gut zu seinem eigenen Wesen stimmte.

Überdies gab es Umstände, die in Verbindung mit jüngst vergangenen Ereignissen der Manie des Reiters und den Fähigkeiten des Rosses eine unheimliche und verhängnisvolle Bedeutung gaben. Man hatte die Weite eines einzigen Sprunges genau nachgemessen und gefunden, dass er die verwegensten Schätzungen gewaltig übertraf. Auch hatte der Baron keinen besonderen Namen für das Tier, während doch sonst jedes seiner Pferde seinen eigenen hatte. Ferner hatte man dem Hengst seinen Stall abseits von den anderen zugewiesen, und was seine Pflege und Bedienung anlangte, so besorgte dies der Eigentümer selbst, denn kein anderer hätte es gewagt, auch nur den Stall zu betreten. Außerdem sagte man, dass keiner der drei Knechte, die das Ross nach seiner Flucht aus der Feuersbrunst von Berlifitzing mithilfe von Schlinge und Zaumzeug eingefangen hatten, mit Bestimmtheit versichern konnte, dass er während des gefährlichen Kampfes oder irgendwann nachher den Körper des Tieres tatsächlich unter der Hand gefühlt habe. Beweise von besonderer Klugheit bei einem edlen und rassigen Ross könnten wohl kaum eine übertriebene Aufregung hervorrufen, aber hier gab es Dinge, die sich mit Macht selbst den Ungläubigsten und Gleichgültigsten aufdrängten. Es kam vor, dass die atemlos staunende Volksmenge vor des Pferdes unheimlich bedeutungsvollem Stampfen entsetzt zurückwich, es geschah, dass der junge Metzengerstein sich erbleichend abwandte von dem scharfen, eindringlichen Blick seines verständigen, menschlichen Auges.

Unter dem Gefolge des Barons befand sich jedoch nicht einer, der daran gezweifelt hätte, dass die seltsame Zuneigung, die der junge Edelmann für sein feuriges Pferd an den Tag legte, aufrichtig und innig sei; nicht einer, außer einem missgestalten, armseligen kleinen Pagen, dessen Krüppelhaftigkeit jedem im Wege und dessen Ansichten jedem gleichgültig waren. Er hatte die Unverfrorenheit zu behaupten – es verlohnt sich kaum, seine Meinung wiederzugeben –, dass sein Herr nie ohne einen unerklärlichen, allerdings kaum wahrnehmbaren Schauder in den Sattel steige und dass bei seiner Rückkehr von dem gewohnten langen Ritt jeder Zug seines Gesichtes in triumphierender Bosheit verzerrt sei.

In einer stürmischen Nacht erwachte Metzengerstein aus schwerem Schlaf, stürzte wie ein Wahnsinniger aus seinem Zimmer, bestieg in Hast sein Pferd und sprengte davon in den dunklen Forst. Man schenkte einem so gewohnten Vorkommnis weiter keine Aufmerksamkeit; bald aber wartete man voll tiefer Besorgnis auf die Rückkehr des Herrn – als nämlich nach einigen Stunden seiner Abwesenheit die mächtigen und prächtigen Mauern der Burg Metzengerstein unter der Gewalt eines wogenden, qualmenden Feuermeeres bis in ihre Grundfesten krachten und wankten.

Da die Flammen, als man sie bemerkte, bereits so schrecklich um sich gegriffen hatten, dass alle Versuche, einen Teil des Schlosses zu retten, fruchtlos geblieben wären, stand die erstaunte Nachbarschaft stumm, um nicht zu sagen gefühllos dabei. Dann aber erregte etwas Neues und Schreckliches die Aufmerksamkeit der Gaffer und bewies, wie viel aufregender für eine Volksmenge der Anblick eines kämpfenden Menschen ist als die entfesselte Wut seelenloser Materie.

Die lange Allee uralter Eichen, die vom Forst zur Hauptpforte des Schlosses führte, sprengte ein Ross daher, dessen tobende Wildheit den Dämon des Unwetters noch überraste. Auf seinem Rücken trug es einen Reiter in zerfetzten Kleidern, der fraglos die Herrschaft über sein Tier verloren hatte. Die Todesangst auf seinem Antlitz und das krampfhafte Zucken des Körpers sprachen von unmenschlichen Kämpfen, aber kein Laut, außer einem einzigen Schrei, entfloh seinen blutigen Lippen, die in Entsetzen durch und durch gebissen waren. Ein Augenblick – und das Klappern der Hufe erklang scharf und schrill durch das Brausen der Flammen und das Heulen des Windes; ein zweiter – und mit einem einzigen Satz über Tor und Graben hinweg galoppierte der Hengst die wankende Treppe des Schlosses hinauf und verschwand mit seinem Reiter inmitten des Wirbelsturms der lodernden Flammen.

Die Wut des Sturmes legte sich sofort, und eine tote Ruhe folgte. Eine stille weiße Flamme umhüllte den Bau wie ein Leichentuch, und weit hinauf in die ruhige Luft ergoss sich ein Glanz übernatürlichen Lichtes, während eine Wolke von Rauch sich über den Trümmern aufbaute in der klar erkennbaren Gestalt eines ungeheuren – Pferdes.

Ende

DAS SYSTEM DES DR. TEER UND PROF. FEDER

Im Herbst des Jahres 18... führte mich eine Reise durch die südlichen Provinzen Frankreichs auch in die Nähe einer Maison de Santé, einer Privat-Irrenanstalt, von der einige mir bekannte Mediziner in Paris mir viel erzählt hatten. Da ich eine derartige Anstalt noch nie besichtigt hatte, wollte ich die günstige Gelegenheit nicht ungenutzt vorübergehen lassen; ich machte daher meinem Reisegefährten – einem Herrn, den ich kurz vorher kennengelernt hatte, – den Vorschlag, einen Abstecher von wenigen Stunden zu machen, um die Anstalt zu besichtigen. Er lehnte aber ab: Erstens habe er Eile, weiterzukommen, und zweitens habe er ein ganz erklärliches Grauen vor dem Anblick Wahnsinniger. Indessen bat er mich, nicht etwa aus Rücksicht auf ihn von meinem Vorhaben abzustehen, er werde langsam weiterreiten, sodass ich ihn im Laufe des Tages, spätestens aber des darauffolgenden, einholen könne. Als er sich verabschiedete, fiel mir ein, man werde mir möglicherweise gar nicht die Erlaubnis zur Besichtigung der Anstalt erteilen, und ich machte eine diesbezügliche Bemerkung. Er erwiderte, falls ich keine persönlichen Beziehungen zu dem Direktor, Herrn Maillard, noch irgendeinen Ausweis, etwa ein Empfehlungsschreiben habe, so könne ich allerdings auf Schwierigkeiten stoßen, da bei solchen Privatanstalten der Zutritt nicht so leicht zu erlangen sei wie bei öffentlichen Instituten dieser Art.

Er selbst, fügte er hinzu, habe vor einigen Jahren die Bekanntschaft Maillards gemacht und wolle mir gern den Gefallen tun, mich bis ans Tor zu begleiten und einzuführen, wenngleich seine Antipathie gegen den Anblick Wahnsinniger ihm den Eintritt in das Haus selbst unmöglich mache.

Ich dankte ihm, und wir verließen also die Landstraße und schlugen einen grasbewachsenen Seitenpfad ein, der sich nach einer halben Stunde in einem dichten Walde am Fuße eines Berges fast verlor. Durch diesen düstern Wald waren wir an die zwei Meilen geritten, als wir die Maison de Santé vor uns sahen. Es war ein fantastisches, halb verfallenes Schloß, das durch Alter und Verwahrlosung kaum mehr bewohnbar schien. Sein Anblick erfüllte mich geradezu mit Grausen, ich hielt mein Pferd an und wollte umkehren. Dann schämte ich mich jedoch meiner Schwäche und ritt weiter.

Als wir ans Tor kamen, sah ich, dass es ein wenig offen stand und ein Mann durch den Spalt spähte. Einen Augenblick später trat er heraus, nannte meinen Begleiter bei Namen, schüttelte ihm freundschaftlich die Hand und bat ihn abzusteigen. Es war Herr Maillard selber, ein würdiger, vornehmer älterer Herr mit ernster, überlegener Miene, die auf mich Eindruck machte.

Mein Freund stellte mich vor, sprach von meinem Wunsch, die Anstalt zu besichtigen, und erhielt von Herrn Maillard die Versicherung, dass er meinem Verlangen bereitwillig Rechnung tragen werde. Hierauf verabschiedete er sich und ritt davon.

Als er fort war, nötigte mich der Direktor in ein kleines, sehr hübsches Empfangszimmer, das neben anderen Zeichen eines vornehmen Geschmacks viele Bücher, Zeichnungen, blumengefüllte Vasen und Musikinstrumente aufwies. Ein behagliches Feuer brannte im Kamin. Am Klavier saß eine schöne junge Dame und sang eine Arie von Bellini; bei meinem Eintritt hielt sie inne und begrüßte mich mit anmutiger Höflichkeit. Sie hatte eine sanfte

Stimme, und ihr ganzes Wesen war weich und schwermütig. Ich glaubte auch in ihrem Antlitz, das ungewöhnlich bleich war, einen Zug von Trauer zu finden. Sie war tiefschwarz gekleidet und erregte in meinem Herzen ein Gefühl von Respekt, Teilnahme und Bewunderung.

Ich hatte in Paris davon gehört, in dem Institut des Herrn Maillard werde das sogenannte »Besänftigungssystem« angewendet, d. h. Strafen wurden vermieden, und selbst Einzelhaft wurde nur selten verhängt – vielmehr ließ man den Patienten, die nur heimlich überwacht wurden, möglichst viel Freiheit; die meisten durften in Haus und Garten frei umhergehen, als seien sie bei voller Vernunft.

Dieser Information erinnerte ich mich jetzt und nahm mich daher in meinem Gespräch mit der jungen Dame in Acht; ich wusste nicht, ob sie nicht zu den Kranken zähle; und tatsächlich hatte ihr glänzendes Auge etwas Rastloses, Flackerndes, das mir verdächtig vorkam. Ich beschränkte meine Bemerkungen daher auf gleichgültige Dinge, von denen ich dachte, dass sie einem Irren weder missfallen noch ihn aufregen könnten. Sie antwortete auf alles, was ich sagte, vollkommen vernünftig, und sogar ihre selbstständigen Äußerungen trugen den Stempel klarer Vernunft. Indessen hatte mich eingehende Kenntnis der Geisteskrankheiten und ihrer Wandlungen gelehrt, diesen scheinbaren Beweisen von Gesundheit nicht zu trauen, und ich setzte die Unterhaltung ebenso vorsichtig fort, wie ich sie begonnen hatte.

Ein Diener in hübscher Livree trat ein und brachte ein Tablett mit Obst, Wein und sonstigen Erfrischungen, die ich mir schmecken ließ; bald darauf verließ die Dame das Zimmer. Als sie gegangen, blickte ich meinen Gastgeber fragend an.

»Nein«, sagte er, »o nein – die Dame ist ein Glied meiner Familie – meine Nichte, eine höchst gebildete Dame.«

»Ich bitte tausendmal um Verzeihung für den Verdacht«, erwiderte ich, »Sie werden aber gewiss eine Entschuldigung für mich finden. Das ausgezeichnete System, mit dem Sie Ihre Anstalt leiten, ist in Paris bekannt, und ich hielt es daher gut für möglich – Sie verstehen …«

»Ja, ja – es bedarf keiner Worte – oder vielmehr sollte ich Ihnen danken für die liebenswürdige Klugheit, mit der Sie vorgingen. Wir finden selten so viel Verständnis bei jungen Leuten, und mehr als einmal kam es infolge der Gedankenlosigkeit unserer Besucher zu unerquicklichen Szenen. Als mein früheres System noch ausgeübt wurde und meine Patienten die Erlaubnis hatten, frei umherzugehen, wurden sie oft durch unvernünftige Leute, die das Haus besichtigen wollten, zu gefährlicher Wut gereizt. Seitdem habe ich mich genötigt gesehen, für strenge Abgeschlossenheit zu sorgen, und keiner erhielt Einlass, auf dessen Bedachtsamkeit ich mich nicht verlassen konnte.«

»Als Ihr *früheres* System angewandt wurde?«, wiederholte ich seine Worte. »Soll ich das dahin verstehen, dass das ›Besänftigungssystem‹, von dem ich schon so viel gehört habe, jetzt nicht mehr in Anwendung kommt?«

»Seit einigen Wochen«, erwiderte er, »haben wir beschlossen, es endgültig aufzugeben.«

»In der *Tat*? – Sie setzen mich in Erstaunen!«

Er seufzte. »Es erwies sich leider als dringend nötig, mein Herr, zu den alten Gebräuchen zurückzukehren. Die *Gefahren* des Besänftigungssystems waren immer sehr große, und seine Vorteile sind entschieden überschätzt worden. Wenn je – so ist es gerade in diesem Hause reichlich zur Anwendung gekommen; wir haben alles getan, was vernunftgemäße Rücksichtnahme tun konnte. Es tut mir leid, dass Sie uns nicht schon früher einmal besucht haben, um sich selbst ein Urteil zu bilden. Ich vermute aber, Sie kennen das Besänftigungssystem – seine praktische Anwendung?«

»Nicht ganz. Was ich davon weiß, habe ich aus dritter, vierter Hand.«

»Das System lässt sich also gemeinhin als eines bezeichnen, das den Patienten rücksichtsvoll behandelt. Wir widersprachen den Einbildungen der Irren nicht. Im Gegenteil: Wir duldeten sie nicht nur, sondern unterstützten sie sogar, und wir haben auf diese Weise unsere erfolgreichsten Kuren zustande gebracht. Kein Argument wirkt so nachhaltig auf die schwache Vernunft des Irren, wie das Ad-absurdum-geführt-Werden. Zum Beispiel hatten wir Leute, die sich für Hühner hielten. Die Kur bestand nun darin, dies als Tatsache zu nehmen, den Patienten, der diese Tatsache nicht genügend anerkannte, für dumm zu erklären und ihm eine Woche lang jede andere Nahrung als die den Hühnern angemessene zu verweigern. Auf diese Weise konnte ein wenig Korn und Sand Wunder vollbringen.«

»Doch war diese Nachgiebigkeit alles?«

»Keineswegs. Wir hielten viel auf harmlose Zerstreuungen, wie Musik, Tanz, gemeinsame gymnastische Übungen, Kartenspiel, Lektüre usw. Wir behandelten einen jeden auf irgendein physisches Leiden hin, und das Wort ›Irrsinn‹ wurde nie gebraucht. Ein Hauptpunkt bestand darin, dass man jeden Irren anhielt, das Tun der andern zu überwachen. Dies Vertrauen in das Verständnis und die Diskretion eines Wahnsinnigen ist es, womit man ihn ganz gewinnen kann. Auf diese Weise konnten wir das kostspielige Wächterpersonal beschränken.«

»Und Sie hatten keinerlei Strafen?«

»Keine.«

»Und Sie haben die Patienten nie isoliert?«

»Sehr selten. Hie und da, wenn es bei irgendeinem zu einer Krisis oder einem Wutanfall kam, sperrten wir ihn in eine abgelegene Zelle, damit er die andern nicht mitreiße, und hielten ihn dort so lange, bis wir ihn den andern wieder zuführen konnten.

Mit eigentlichen Tobsüchtigen haben wir nämlich nicht zu tun; die werden gewöhnlich den staatlichen Irrenanstalten zugeführt.«

»Und alles dies haben Sie nun geändert – und wie Sie meinen, zum Guten geändert?«

»Ganz entschieden. Das frühere System hatte seine Nachteile, ja sogar Gefahren. Man hat es nun glücklicherweise in allen Maisons de Santé Frankreichs fallen lassen.«

»Ich bin außerordentlich erstaunt über Ihre Mitteilung«, sagte ich, »da man mir versichert hat, dass es heutzutage im ganzen Lande keine andere Methode der Behandlung Geisteskranker gebe.«

»Sie sind noch jung, mein Freund«, erwiderte mein Wirt, »und die Zeit wird kommen, da Sie sich über das, was in der Welt vorgeht, ein eigenes Urteil bilden und das Gerede anderer nicht beachten werden. – Glauben Sie nichts von dem, was Sie hören, und nur die Hälfte von dem, was Sie sehen. Was unsere Irrenanstalten anlangt, so ist es klar, dass irgendein Unwissender Ihnen etwas vorgeredet hat. Ich werde mich aber freuen, Sie nach Tisch, wenn Sie sich genügend von Ihrem ermüdenden Ritt erholt haben werden, durch das Haus zu führen und Ihnen ein System zu weisen, das sowohl mir selbst als einem jeden, der es angewendet sah, als das bei Weitem erfolgreichste erschienen ist.«

»Ihr eigenes System?« fragte ich – »Ihre eigene Erfindung?«

»Ich bin stolz«, erwiderte er, »Ihre Frage bejahen zu können – wenigstens in gewissem Maße.«

In dieser Weise unterhielt ich mich mit Herrn Maillard ein bis zwei Stunden, während er mich in Hof und Garten herumführte.

»Ich kann Ihnen gegenwärtig meine Patienten nicht zeigen«, sagte er. »Ein empfindliches Gemüt wird von solchem Anblick stets etwas erschüttert; und ich möchte Ihnen den Appetit vor Tisch nicht verderben. Lassen Sie uns zuerst speisen. Ich kann Ihnen Kalb à la Sainte Ménéhould mit Blumenkohl in Sauce velouté vorsetzen – dann ein Glas Clos Vougeot –, das wird Ihre Nerven genügend stärken.«

Um sechs Uhr rief man zu Tisch, und mein Gastgeber führte mich in einen langen Speisesaal, wo ich eine große Gesellschaft versammelt fand – etwa fünfundzwanzig bis dreißig Personen. Es schienen Leute von Rang – wenigstens von guter Herkunft –, wenngleich ihre Kleidung mir etwas überladen schien; sie hatte die aufdringliche Eleganz der Bourbonenzeit. Ich bemerkte, dass mindestens zwei Drittel der Gäste Damen waren, von denen einige sich keineswegs so trugen, wie es heutigen Tages in Paris zum guten Ton gehört. Manche z. B., deren Alter kaum unter siebzig sein konnte, waren mit Juwelen, Ringen, Armbändern und Ohrschmuck geradezu überladen, und ihr Taillenausschnitt war von bedenklicher Tiefe. Ich sah ferner, dass nur wenige der Kleider einen guten Schnitt hatten – wenigstens kleideten sie ihre Trägerinnen nicht gut. Während ich Umschau hielt, entdeckte ich das interessante junge Mädchen, mit dem Herr Maillard mich zuvor bekannt gemacht hatte; doch mein Erstaunen war groß, sie nun in Reifrock und Stöckelschuhen und einer Haube aus Brüsseler Spitzen zu sehen, einer Haube, die nicht nur unsauber, sondern so übertrieben groß war, dass sie das Gesicht lächerlich klein erscheinen ließ. Als ich die Dame zuerst gesehen hatte, trug sie ein geschmackvolles Trauerkleid. Kurzum, die Kleidung der ganzen Gesellschaft hatte etwas so Wunderliches, dass mir das »Besänftigungssystem« wieder einfiel und gleichzeitig der Gedanke kam, Herr Maillard habe mich bis nach Tisch im Unklaren lassen wollen, damit mich bei der Mahlzeit nicht etwa die Vorstellung störe, mit Geisteskranken zu speisen. Ich erinnerte mich aber auch, dass in Paris die Rede ging, welch ein exzentrisches Völkchen die Bewohner der südlichen Provinzen seien und welch veraltete Anschauungen sie hätten. Nachdem ich mit einigen aus der Gesellschaft nur eine kurze Weile geplaudert hatte, schwanden bald meine Zweifel gänzlich.

Das Speisezimmer war, obschon geräumig und praktisch eingerichtet, keineswegs elegant; so hatte es z. B. keinen Teppich, was allerdings in Frankreich nicht selten ist. Die Fenster waren ohne Vorhänge. Die Schalter waren geschlossen und mit diagonalen Eisenstangen verriegelt, wie es bei uns die Kaufläden sind. Der ganze Raum bildete, wie ich nun sah, einen besonderen Flügel des Schlosses und hatte daher an drei Seiten Fenster, nicht weniger als zehn; an der vierten war die Türe.

Der Tisch war prächtig gedeckt. Er war mit Schüsseln überladen und mehr als überladen mit Delikatessen. Der Überfluss war geradezu geschmacklos. Nie in meinem Leben sah ich eine solche Verschwendung, ja, Missachtung der köstlichsten Dinge. Die Anordnung des Ganzen war übrigens sehr wenig anmutig. Meine an sanftes Licht gewöhnten Augen mussten nun den Glanz zahlloser Wachskerzen ertragen, die in silbernen Armleuchtern überall im Zimmer verteilt waren. Mehrere Diener warteten auf; und auf einem großen Tisch in einer entfernten Ecke des Saals saßen sieben bis acht Leute mit Geigen, Pfeifen, Blasinstrumenten und einer Trommel. Diese Burschen quälten mich während der ganzen Mahlzeit mit ihrem andauernden Lärm, der wohl Musik sein sollte und alle Anwesenden mit Ausnahme von mir sehr zu unterhalten schien.

Alles in allem konnte ich nicht umhin, vieles von dem, was ich sah, recht bizarr zu finden, – aber es gibt so vielerlei Menschen mit so vielerlei Gedanken und so vielerlei Gewohnheiten! Auch war ich weit genug in der Welt herumgekommen, dass mir das »*nil admirari*« zur Selbstverständlichkeit geworden war. Ich nahm also gelassen an der rechten Seite meines Wirtes Platz und sprach mit viel Appetit den guten Speisen zu, die man mir reichte.

Die Unterhaltung war allgemein und angeregt; wie immer, sprachen besonders die Damen viel. Ich fand bald, dass fast alle Versammelten eine gute Erziehung genossen hatten; und mein Wirt selber erzählte einen launigen Witz nach dem andern. Er schien geneigt, von seiner Stellung als Leiter der Irrenanstalt zu reden, und überhaupt war das Thema »Wahnsinn« zu meiner Überraschung ein beliebter Gesprächsstoff. Man erzählte eine Menge lustiger Stückchen von der Tollheit einzelner Patienten.

»Wir hatten mal einen Menschen hier«, sagte ein dicker, kleiner Herr an meiner rechten Seite – »einen Menschen, der sich für einen Teekessel hielt. Nebenbei bemerkt, ist es nicht sonderbar, wie oft gerade diese Vorstellung bei Wahnsinnigen herrscht? Gibt es doch kaum eine Irrenanstalt in Frankreich, die nicht einen menschlichen Teekessel aufzuweisen hätte. *Unser* Mann war ein Teekessel aus Britannia-Metall und war eifrig bemüht, sich jeden Morgen mit Putzkreide und einem Lederlappen zu polieren.«

»Und dann«, sagte ein langer Mensch mir gegenüber, »hatten wir vor einiger Zeit einen Mann hier, der es sich in den Kopf gesetzt hatte, ein Esel zu sein, – was, wie Sie sagen werden, wohl seine Richtigkeit hatte. Er war ein beschwerlicher Kranker, und wir hatten viel zu tun, ihn zu überwachen. Lange Zeit wollte er nichts als Disteln essen; von diesem Gedanken brachten wir ihn aber dadurch ab, dass wir ihm auch keine andere Nahrung mehr gaben. Ferner schlug er immer mit den Füßen aus – so – so –«

»Herr de Kock! Bitte betragen Sie sich anständig!«, unterbrach ihn hier eine alte Dame, die an seiner Seite saß. »Behalten Sie Ihre Füße bitte bei sich! Sie haben mir meinen Brokat beschmutzt. Ist es denn nötig, eine Bemerkung gleich auf solche Weise zu illustrieren? Unser Freund hier kann Sie sicher auch so begreifen. Mein Wort, Sie sind entschieden geradeso ein Esel wie der arme Kranke zu sein wähnte. Sie benehmen sich durchaus angemessen.«

»*Mille pardons!* Mamselle!«, erwiderte Herr de Kock – »ich bitte tausendmal um Verzeihung! Ich wollte Sie nicht verletzen. Mamselle Laplace – Herr de Kock gibt sich die Ehre, mit Ihnen anzustoßen.«

Herr de Kock verbeugte sich tief, küsste der Dame zeremoniös die Hand und stieß mit ihr an.

»Erlauben Sie mir, mein Freund«, wandte sich jetzt Herr Maillard an mich – »erlauben Sie mir, Ihnen ein Stück Kalbsbraten à la St. Ménéhould anzubieten – Sie werden es sehr schmackhaft finden.«

Gerade war es drei kräftigen Dienern gelungen, eine ungeheure Platte auf den Tisch niederzustellen, die nach meiner Ansicht ein *»monstrum horrendum, informe, ingens, cui lumen ademptum«* enthielt. Näheres Zusehen zeigte mir allerdings, dass es nur ein im Ganzen gebratenes kleines Kalb war, das man auf die Knie gesetzt und dem man einen Apfel ins Maul gesteckt hatte, ähnlich wie man in England einen Hasen serviert.

»Danke, nein«, erwiderte ich, »ich muss gestehen, ich bin eigentlich kein Liebhaber von Kalb à la Sainte – wie war's doch gleich? – Es ist nicht so recht nach meinem Geschmack. Ich möchte aber den Teller wechseln und ein Stück von dem Kaninchen dort versuchen.«

Einige kleinere Platten, die auf dem Tische standen, schienen mir nämlich Kaninchenbraten zu enthalten – ein ganz prächtiges Fleisch, das ich nur empfehlen kann.

»Pierre«, rief der Wirt, »gib dem Herrn einen anderen Teller und ein Mittelstück dieses Kaninchens *au-chat.*«

»Dieses was?«

»Dieses Kaninchens *au-chat.*«

»Ach, nein, danke – ich habe mir's überlegt. Ich will mir doch lieber etwas Schinken nehmen.«

Man weiß doch nie, was man von diesen Provinzlern vorgesetzt bekommt, dachte ich bei mir selber. Ich mag nichts von ihrem Kaninchen *au-chat* und ebenso wenig von ihrem Katzen-Kaninchen.

»Und dann«, nahm am unteren Ende der Tafel ein leichenblasser Mensch den Faden der Unterhaltung wieder auf, – »und dann hatten wir neben andern Tollheiten auch einen Patienten, der eigensinnig dabei blieb, er sei ein Kordova-Käse, und der mit einem Messer in der Hand herumlief und die andern bat, eine schöne Scheibe aus der Mitte seines Beins zu versuchen.«

»Er war unbedingt ein großer Narr«, fiel irgendeiner ein, »immerhin aber nicht zu vergleichen mit einem gewissen Jemand, den wir alle kennen – mit Ausnahme dieses fremden Herrn natürlich. Ich meine den Mann, der sich für eine Sektflasche hielt und immer knallte und sprudelte, nämlich so ...«

Hier steckte der Sprecher höchst unziemlich den Daumen in den Mund, klemmte ihn gegen die rechte Backe und machte damit ein knallendes Geräusch, ähnlich dem eines springenden Pfropfens, dann ließ er die Zunge zwischen den Zähnen vibrieren, was einen zischenden, sprudelnden Laut hervorbrachte, wie eine aufschäumende Sektflasche.

Ich sah, dass dies Benehmen Herrn Maillard nicht sehr gefiel; er sagte aber nichts, und die Unterhaltung wurde durch ein kümmerliches Männchen mit einer großen Perücke weitergeführt.

»Da war auch ein Dummkopf«, sagte er, »der hielt sich für einen Frosch; dem er übrigens gar nicht so unähnlich war. Ich wollte, Sie hätten ihn sehen können, Herr« – wandte sich der Sprecher an mich – »es hätte Sie wirklich erquickt, zu sehen, wie natürlich er sich benahm. Herr, wenn der Mensch *kein* Frosch war, so kann ich nur sagen, dass es zu bedauern ist, dass er keiner war. Sein Gequake – so: kroax ... kroax! – war das schönste von der Welt – B-Moll! Und wenn er ein oder zwei Glas Wein getrunken hatte und dann die Ellbogen auf den Tisch stützte – so – und den

Mund aufriss – so – und mit den Augen rollte – so – und ganz schnell mit den Lidern zwinkerte – so – nun, mein Herr, ich stehe dafür ein, Sie wären ganz Bewunderung für diesen Mann gewesen.«

»Ich zweifle nicht daran«, sagte ich.

»Und dann«, sagte jemand anders, »dann war da Petit Gaillard, der sich für eine Prise Schnupftabak hielt und ganz verzweifelt war, weil er sich nicht selbst zwischen Daumen und Zeigefinger nehmen konnte.«

»Und da war auch Jules Desoulières, wirklich ein eigenartiger Geist, der den verrückten Gedanken hatte, ein Kürbis zu sein. Er verfolgte den Koch mit dem Anliegen, einen Pudding aus ihm zu machen – was der Koch entrüstet ablehnte. Ich meinesteils zweifle keineswegs, dass ein Kürbispudding à la Desoulières ein vorzügliches Gericht gewesen wäre!«

»Sie setzen mich in Erstaunen!« sagte ich; und ich blickte fragend auf Herrn Maillard.

»Ha, ha, ha!«, lachte dieser – »He, he, he! – Hi, hi, hi! – Ho, ho, ho! – Hu, hu, hu! – Sehr gut, sehr gut! Sie dürfen nicht erstaunt sein, *mon ami*! Unser Freund hier ist ein Witzbold – ein Spaßmacher –, Sie dürfen ihn nicht wörtlich nehmen.«

»Und dann«, sagte ein anderer aus dem Kreise, »hatten wir Bouffon le Grand – in seiner Weise auch ein sehr origineller Mensch. Er war aus unglücklicher Liebe verrückt geworden und bildete sich nun ein, zwei Köpfe zu haben. Einen davon hielt er für den Kopf des Cicero; der andere war zusammengesetzt: von der Stirn bis zum Mund Demosthenes und vom Mund bis zum Kinn Lord Brougham. Vielleicht irrte er sich, aber er hätte Sie davon überzeugt, dass er im Rechte sei, denn er war ein Mann von großer Rednergabe. Er hatte eine Leidenschaft für das Reden und stellte sich gern zur Schau. Er sprang zum Beispiel auf den Speisetisch – so – und ...«

Hier legte einer, der an seiner Seite saß, ihm die Hand auf die Schulter und flüsterte ihm etwas ins Ohr, worauf er ganz plötzlich schwieg und in seinen Stuhl zurücksank.

»Ferner«, sagte der, der geflüstert hatte, »war da Boullard, der Kreisel. Ich sage Kreisel, weil er die seltsame, aber gar nicht so unvernünftige Grille hatte, in einen Kreisel verwandelt worden zu sein. Sie hätten gebrüllt vor Lachen, wenn Sie ihm zugesehen hätten. Er drehte sich wohl eine Stunde lang auf einem Bein, in dieser Weise – so –«

Hier fiel ihm der, den er vorhin zurechtgewiesen hatte, im gleichen Flüsterton in die Rede.

»Ach«, kreischte eine alte Dame, »Ihr Herr Boullard war eben verrückt – dumm und verrückt! Denn bitte, wer hätte jemals von einem menschlichen Kreisel gehört? Das ist absurd. Da war Frau Joyeuse, wie Sie wissen, eine vernünftigere Person. Sie hatte auch ihre Grille, aber es war eine sinnvolle Grille und unterhaltend für alle, die die Ehre hatten, mit ihr bekannt zu sein. Sie fand nach reiflicher Überlegung, dass sie durch irgendeinen Unfall in einen Hahn verwandelt worden war; und als solcher benahm sie sich mit Anstand. Es war bewunderungswürdig, wie sie mit den Flügeln schlug – so – so – so –, und ihr Krähen war einfach entzückend! Ki–ke–riki! – Ki–ke–ri–kiii! – Ki– ke–ri–ki–i–i–i–i!«

»Frau Joyeuse«, fiel unser Wirt hier ärgerlich ein, »benehmen Sie sich anständig, wie es einer Dame zukommt, oder Sie müssen vom Tisch fernbleiben. – Wählen Sie!«

Die Dame (wie erstaunte ich, dass sie anscheinend selber die so launig beschriebene Frau Joyeuse war) errötete bis zu den Haarwurzeln und schien von der Zurechtweisung empfindlich getroffen. Sie ließ den Kopf hängen und entgegnete kein Wort. Aber eine andere, jüngere Dame setzte die Unterhaltung fort. Es war mein schönes Mädchen aus dem Sprechzimmer.

»Frau Joyeuse war wirklich eine Närrin«, rief sie aus; »da hatte der Spleen von Eugenie Salsafette mehr Sinn. Sie war ein sehr hübsches und zurückhaltendes junges Mädchen, dem die übliche Kleidertracht anstößig erschien; sie versuchte deshalb, statt in die Kleider hineinzuschlüpfen, aus ihnen herauszukommen. Das geht übrigens ganz leicht. Man braucht nur so – zu machen – und dann so – so – so – und dann so – und so – und so – und dann –«

»Mein Gott! Fräulein Salsafette!«, riefen ein Dutzend Stimmen. »Was fällt Ihnen ein! – Gott bewahre! Genug, genug! – Wir sehen deutlich genug, wie es gemeint ist! – Halt, halt!« Und einige sprangen schon von ihren Sitzen, um Fräulein Salsafette davon abzuhalten, sich in das Kostüm der Mediceischen Venus zu werfen.

Da wurde die allgemeine Verwirrung noch durch laute, gellende Schreie gesteigert, die aus einem inneren Teil des Schlosses zu dringen schienen.

Meine Nerven wurden von diesen Schreien nicht wenig erschüttert, für die andern aber hatten sie geradezu eine bedauernswerte Wirkung. Nie in meinem Leben sah ich vernünftige Leute so fürchterlich erschrecken. Sie wurden alle leichenblass, sanken in ihrem Stuhl zusammen und lauschten, bebend vor Angst, auf eine Wiederholung jener Töne. Sie kamen – näher und lauter – und dann ein drittes Mal *sehr* laut, und dann ein viertes Mal mit anscheinend verminderter Heftigkeit. Bei diesem offenbaren Nachlassen des Lärmens gewann die Gesellschaft schnell ihre Fassung zurück, und wie vorher war alles voll Leben und Heiterkeit. Ich wagte jetzt eine Frage nach der Ursache jener sonderbaren Störung.

»Nichts von Bedeutung«, sagte Herr Maillard. »Wir sind dergleichen gewohnt und kümmern uns nicht viel darum. Hie und da brechen die Irren in ein gemeinsames Geheul aus; einer steckt den andern damit an, ähnlich wie Hunde des Nachts einander zum Bellen reizen. Es kommt jedoch gelegentlich vor, dass diesem Schreien ein allgemeiner Versuch, auszubrechen, folgt, was natürlich nicht ganz gefahrlos wäre.«

»Und wie viel Pfleglinge haben Sie?«

»Gegenwärtig nicht mehr als zehn.«

»Hauptsächlich Frauen, wie ich schätze?«

»O nein – lauter Männer, und kräftige dazu, kann ich Ihnen sagen.«

»Wirklich! Ich habe immer angenommen, die Mehrzahl der Irrsinnigen sei weiblichen Geschlechts.«

»Meistens ist es so, aber nicht immer. Vor einiger Zeit hatten wir hier siebenundzwanzig Patienten und darunter nicht weniger als achtzehn Frauen; in letzter Zeit hat sich aber, wie Sie sehen, vieles geändert.«

»Ja – vieles geändert, wie Sie sehen«, fiel der Herr ein, der vorhin Mamselle Laplace auf den Brokat getreten hatte.

»Ja – vieles geändert, wie Sie sehen!«, brüllte die ganze Gesellschaft auf einmal.

»Haltet den Mund!«, rief mein Gastgeber aufgebracht. Worauf minutenlang vollkommene Stille herrschte. Eine der Damen nahm Herrn Maillards Befehl wörtlich und hielt sich bis zum Ende des Gesprächs den großen Mund gehorsam mit beiden Händen zu.

»Und jene Dame«, sagte ich und beugte mich zu Herrn Maillard, »die gute alte Dame, die uns das Kikeriki vormachte, – sie ist, wie ich annehme, harmlos – ganz harmlos, wie?«

»Harmlos?«, sagte er mit unverhohlenem Staunen. »Wie – wie – wie meinen Sie das?«

»Nur ein leichter Fall«, sagte ich und tippte mit dem Finger an die Stirn. »Ich nehme an, es ist kein schwerer, kein gefährlicher Fall, wie?«

»Mein Gott! Was denken Sie denn! Diese Dame, meine liebe alte Freundin Frau Joyeuse, ist so gesund wie ich. Gewiss, sie hat ihre kleinen Eigenheiten – aber, Sie wissen ja: Alle alten Frauen – alle *sehr* alten Frauen sind mehr oder weniger sonderbar!«

»Gewiss«, sagte ich – »gewiss – und die andern Herren und Damen hier –«

»Sind meine Freunde und Beamten«, fiel mir Herr Maillard ins Wort und richtete sich abweisend in die Höhe – »meine besten Freunde und Gehilfen.«

»Wie, allesamt?«, fragte ich, »die Frauen und alle die Übrigen?«

»Allerdings«, sagte er – »wir könnten ohne die Frauen gar nicht auskommen; sie sind die besten Irrenwärterinnen, die es gibt; sie haben so ihre eigene Weise, wissen Sie; ihre strahlenden Blicke haben eine ganz besondere Wirkung – so ähnlich wie der Zauber der Schlange, verstehen Sie.«

»Gewiss«, sagte ich – »ganz gewiss! Aber sie benehmen sich ein wenig sonderbar, wie? – Sie sind nicht *so ganz* richtig, wie? – Meinen Sie nicht?«

»Sonderbar! – Nicht ganz richtig! – Ist das Ihr Ernst? Gewiss, wir hier im Süden sind nicht sehr zimperlich – lassen uns ein wenig gehen – genießen das Leben, wissen Sie …«

»Gewiss«, sagte ich, »gewiss!«

»Und dann ist vielleicht der Wein, der Clos de Vougeot, ein wenig schwer, wissen Sie – ein wenig *stark* – verstehen Sie, eh?«

»Gewiss«, sagte ich, »gewiss! Beiläufig gesagt, mein Herr, ist meine Annahme richtig, dass Sie sagten, statt des berühmten Besänftigungssystems hätten Sie nun ein System rücksichtsloser Strenge eingeführt?«

»Keineswegs. Die Kranken befinden sich zwar in strengem Gewahrsam, aber die Behandlung – die ärztliche Behandlung, meine ich – ist geradezu eine angenehme.«

»Und das neue System ist Ihre eigene Erfindung?«

»Nicht ganz. Zum Teil geht es auf Dr. Teer zurück, von dem Sie sicher gehört haben; andrerseits habe ich aber Modifikationen eingeführt, die, wie ich mit Vergnügen feststelle, von dem berühmten Professor Feder stammen, mit dem Sie, wenn ich mich recht erinnere, die Ehre haben, näher bekannt zu sein.«

»Ich muss leider bekennen«, erwiderte ich, »dass ich bisher nicht einmal den Namen eines der Herren gehört habe.«

»Gütiger Himmel!«, rief mein Wirt, schob seinen Stuhl zurück und erhob die Arme zum Himmel. »Ich habe mich wohl verhört! Wie? Sie wollen doch nicht sagen, Sie hatten von dem bekannten Dr. Teer und dem berühmten Professor Feder *nie gehört*?«

»So ist es, wie ich beschämt gestehe«, entgegnete ich. »Aber Wahrheit ist die Hauptsache! Und ich bin tief unglücklich, mit den Werken dieser zweifellos hervorragenden Männer nicht vertraut zu sein. Ich werde das aber sogleich nachholen und ihre Schriften sorgsam durcharbeiten. Herr Maillard, Sie haben mich – ich muss es bekennen – Sie haben mich wirklich tief beschämt.«

Und das war Tatsache.

»Nichts mehr davon, lieber junger Freund«, sagte er liebenswürdig und drückte mir die Hand – »trinken wir ein Glas Sauterne miteinander.«

Wir tranken. Die Gesellschaft tat ein Gleiches: Alle tranken maßlos. Sie schwatzten – scherzten – lachten – verübten tausend Tollheiten. Die Fiedeln kreischten, die Trommel dröhnte, die Blasinstrumente gellten und bellten – und die ganze, durch die Wirkung des Alkohols immer wüster werdende Szene artete aus in höllische Raserei. Herr Maillard und ich, einige Flaschen Sauterne und Clos Vougeot vor uns, setzten indessen mit aller Kraft unserer Lungen die Unterhaltung fort. Ein mit normaler Stimme gesprochenes Wort hatte nicht mehr Aussicht, vernommen zu werden, als die Stimme eines Fisches vom Grunde der Niagara-Fälle.

»Sie erwähnten vor Tisch«, brüllte ich ihm ins Ohr, »die Gefahren, welche das alte Besänftigungssystem mit sich brachte. Würden Sie mir darüber Aufschluss geben?«

»Ja«, erwiderte er. »Es hat gelegentlich große Gefahren. Die Launen Wahnsinniger sind unberechenbar, und sowohl ich als auch Dr. Teer und Professor Feder sind der Ansicht, dass es *niemals* ratsam ist, sie unbewacht herumgehen zu lassen. Ein Irrer mag für einige Zeit ›besänftigt‹ werden, wie man so sagt, im Grunde aber ist er immer geneigt, in Tobsucht auszubrechen. Seine Verschlagenheit ist groß, ja sprichwörtlich. Wenn er einen Plan hat, so verbirgt er seine Absicht mit bewunderungswürdiger Schlauheit, und die Gewandtheit, mit der er ein Geheiltsein vortäuscht, bietet den Psychiatern eines der seltsamsten Probleme. In der Tat: Wenn ein Geisteskranker *vollkommen* gesund erscheint, ist es hohe Zeit, ihn in die Zwangsjacke zu stecken.«

»Aber die *Gefahr*, mein lieber Herr – von der Sie sprachen, sie als Leiter der Anstalt aus eigener Erfahrung kennengelernt zu haben, – war es irgendein praktischer Fall, der Sie dahin brachte, die Freiheit eines Geisteskranken für gefährlich zu halten?«

»Hier? – Aus eigener Erfahrung? – Ja, allerdings! Vor gar nicht langer Zeit ereignete sich hier im Hause ein eigentümlicher Fall. Das ›Besänftigungssystem‹ war damals noch in Anwendung, und die Kranken gingen frei umher. Sie betrugen sich gut, ausnehmend gut – ein kluger Mann hätte gerade daraus den Schluss ziehen müssen, dass irgendein teuflischer Anschlag geplant war. Und natürlich, eines schönen Morgens sahen sich die Wärter an Händen und Füßen gebunden und in die Zellen geworfen, wo sie von den Geisteskranken, die sich das Amt der Wärter angemaßt hatten, bewacht wurden, als seien sie die Kranken.«

»Nicht möglich! Nie im Leben hab' ich etwas so Tolles gehört!«

»Tatsache! – Alles war das Werk eines kühnen Dummkopfs – eines Wahnsinnigen –, der es sich irgendwie in den Kopf gesetzt hatte, ein besseres System zur Behandlung Geisteskranker gefunden zu haben, als je da gewesen war. Er wollte vermutlich einen

Versuch damit machen und überredete die andern Kranken zu einer Verschwörung gegen die herrschende Gewalt.«

»Und er hatte Erfolg?«

»Vollständig! Wärter und Kranke mussten ihre Rollen vertauschen. Das stimmt allerdings nicht ganz, denn die Irren waren frei gewesen, die Wärter aber wurden von nun ab in Zellen gesperrt und – leider, muss ich sagen, – sehr unhöflich behandelt.«

»Doch ich vermute, dass bald eine Gegenrevolution eintrat? Jener Zustand kann nicht lange gedauert haben. Die Landleute aus der Nachbarschaft – Besucher der Anstalt – würden Alarm geschlagen haben.«

»Da irren Sie. Der Rädelsführer war viel zu schlau. Er ließ keine Besucher ein – mit Ausnahme eines einzigen, sehr einfältig aussehenden jungen Mannes, den er nicht zu fürchten brauchte. Er ließ ihn ein, sich die Anstalt zu besehen – ließ ihn ein, aus Spaß – der Abwechslung halber. Und als er ihm dann genug weisgemacht hatte, ließ er ihn wieder hinaus und schickte ihn weiter.«

»Und wie lange regierten die Irrsinnigen?«

»O, lange Zeit – wenigstens einen Monat –; wie viel länger, kann ich nicht genau sagen. Sie hatten eine gute Zeit, die Wahnsinnigen – das können Sie mir glauben! Sie legten ihre eigenen schäbigen Kleider ab und schmückten sich mit den Gewändern und Juwelen der Familie des Anstaltsleiters. In den Kellereien des Schlosses lag ein großer Weinvorrat; und diese Tollen sind gerade die Rechten zum Saufen. Sie lebten gut, sag' ich Ihnen!«

»Und die Behandlung – welcher Art war die Behandlung, die der Rädelsführer den Gefangenen angedeihen ließ?«

»Nun, was das anlangt – ein Geisteskranker ist nicht immer ein Narr, wie ich schon sagte; und es ist meine ehrliche Überzeugung, dass seine Behandlungsweise bei Weitem besser war als die vorhergegangene. Ja wirklich – es war ein ganz prächtiges System – einfach – klar – ohne viel Umstände – kurzum, ein großartiges – –

–« Hier wurde meinem Gastgeber das Wort abgeschnitten durch eine Wiederholung jener wilden Schreie, wie sie sich schon einmal hatten hören lassen. Diesmal aber schienen sie von Leuten ausgestoßen zu werden, die eilig näher kamen.

»Herr des Himmels!«, schrie ich auf, »die Wahnsinnigen sind ausgebrochen!«

»Ich fürchte sehr, dass es so ist«, sagte Herr Maillard, der furchtbar blass wurde. Er hatte kaum ausgesprochen, als man unter den Fenstern laute Rufe und Verwünschungen hörte; und gleich darauf stellte es sich heraus, dass man von draußen versuchte, in den Saal einzudringen. Hammerschläge sausten gegen die Tür, und auch die Fensterläden wurden mit aller Kraft bearbeitet.

Eine entsetzliche Verwirrung war die Folge. Herr Maillard kroch zu meiner höchsten Verwunderung unter den Servierschrank. Ich hätte von ihm mehr Entschlossenheit erwartet gehabt. Die Mitglieder des Orchesters, die während der letzten Viertelstunde anscheinend zu betrunken gewesen waren, um ihren Pflichten nachzukommen, sprangen nun alle auf einmal zu ihren Instrumenten, kletterten auf ihren Tisch und brachen in den »Yankee Doodle« aus, den sie, wenn auch nicht ganz im Takt, doch mit übermenschlicher Energie während des ganzen Aufruhrs wieder und wieder spielten.

Den Speisetisch mit seinen zahllosen Flaschen und Gläsern hatte inzwischen jener Herr erklommen, den man vorher so schwer von diesem Tun zurückhalten konnte. Kaum hatte er oben Fuß gefasst, so begann er eine Rede, die zweifellos glänzend war, wenn man sie nur hätte verstehen können. Gleichzeitig begann der Mann mit der Kreiselmanie sich mit Kraft und Ausdauer durchs Zimmer zu drehen; seine Arme hatte er in rechtem Winkel von sich gestreckt, sodass er wirklich wie ein Kreisel aussah und jeden niederwarf, der ihm in den Weg kam. Plötzlich hörte ich ein seltsames Knallen und Sprudeln wie von einer Sektflasche und entdeckte schließlich, dass es von jenem Manne herrührte, der vorhin bei Tisch die Sektflasche nachgeahmt hatte; und der Froschmensch quakte, als hinge sein Seelenheil an jedem Ton, den er zum Besten gab. Und über das alles erhob sich das laute I-ah eines Esels. Was meine alte Freundin, Frau Joyeuse, anlangte, so hätte ich aus Mitgefühl fast Tränen vergossen, so furchtbar erschrocken schien sie. Alles, was sie jedoch tat, war, dass sie sich beim Kamin in einen Winkel stellte und ununterbrochen mit kreischender Stimme »Ki-keri-ki-i« rief.

Und nun kam der Höhepunkt, die Katastrophe des Dramas. Da den Leuten draußen kein anderer Widerstand als Schreien und Quaken und Krähen entgegengesetzt wurde, so waren die zehn Fenster sehr rasch und fast gleichzeitig eingeschlagen. Nie werde ich das Staunen und Entsetzen vergessen, mit dem ich diese Wesen anstarrte, die da durch die Fenster sprangen und sich stampfend und heulend und schlagend und kratzend unter uns stürzten. Sie glichen einem Heer von Schimpansen, Orang-Utans oder schwarzen Pavianen vom Kap der guten Hoffnung.

Ich bekam einen furchtbaren Hieb, der mich unter das Sofa beförderte. Dort lag ich wohl fünfzehn Minuten und horchte angespannt auf die Vorgänge im Saal und fand schließlich die Lösung der Tragödie. Herr Maillard, der mir die Geschichte von dem Wahnsinnigen erzählte, der seine Genossen zur Rebellion verleitete, hatte nichts als seine eigenen Taten berichtet. Dieser Herr war tatsächlich vor zwei oder drei Jahren Leiter der Anstalt gewesen, wurde aber selbst verrückt und also den Kranken eingereiht. Diese Tatsache war meinem Reisegefährten, der mich hier einführte, unbekannt gewesen. Die Wärter, zehn an der Zahl, waren plötzlich überwältigt worden; dann hatte man sie mit *Teer* bestrichen, in *Federn* gewälzt und in unterirdische Zellen eingesperrt.

Mehr als einen Monat waren sie so gefangen gehalten worden, während welcher Zeit Herr Maillard ihnen großmütigerweise nicht nur Teer und Federn (die sein »System« ausmachten), sondern auch etwas Brot und viel Wasser zukommen ließ. Mit Letzterem wurden sie täglich übergossen. Einer von ihnen, der durch einen Abzugskanal entkommen war, befreite dann die andern.

Das »Besänftigungssystem« ist, mit bedeutenden Einschränkungen, im Schlosse wieder aufgenommen worden; dennoch muss ich Herrn Maillard zustimmen, dass seine eigene »Behandlungsmethode« in ihrer Art ganz hervorragend war. Wie er richtig bemerkte, war sie »einfach und klar und machte gar keine Umstände – durchaus keine«.

Ich habe nur hinzuzufügen, dass ich alle Buchhandlungen Europas nach den Werken des Dr. Teer und des Prof. Feder abgesucht habe, dass aber bis auf den heutigen Tag meine Bemühungen vergeblich waren.

HINAB IN DEN MAELSTRÖM

Die Wege Gottes in der Natur wie auch in der Vorsehung sind nicht wie *unsere* Wege; noch sind die Dinge, die wir bilden, irgendwie der Unendlichkeit, Abgründigkeit und Unerforschlichkeit seiner Werke vergleichbar, die eine Tiefe in sich haben – ungemessener als der Brunnen des Demokritos.
Joseph Glanvill

Wir waren auf dem Gipfel der höchsten Klippe angelangt. Einige Minuten schien der Alte zu erschöpft, um zu sprechen. »Vor drei Jahren noch«, sagte er schließlich, »hätte ich diesen Weg geradeso leicht und ohne Ermüdung gemacht wie der jüngste meiner Söhne; aber dann hatte ich ein Erlebnis, wie wohl kein Sterblicher vor mir – wenigstens wie keiner es überlebte, um davon zu berichten, – und die sechs Stunden tödlichen Entsetzens, die ich damals durchmachte, haben mich an Leib und Seele gebrochen. Sie halten mich für einen *sehr* alten Mann – aber ich bin es nicht. Weniger als ein Tag reichte hin, um meine tiefschwarzen Haare weiß zu machen, meinen Gliedern die Kraft, meinen Nerven die Spannung zu nehmen, sodass ich bei der geringsten Anstrengung zittere und vor einem Schatten erschrecke. Können Sie sich denken, dass ich kaum über diese kleine Klippe zu schauen vermag, ohne schwindlig zu werden?«

Die »kleine Klippe«, an deren Rand er sich so sorglos niedergeworfen hatte, dass der gewichtigere Teil seines Körpers darüber hinaushing, und allein der Halt, den ihm seine auf den schlüpfrigen Felsrand aufgestützten Ellbogen gewährten, ihn am Hinunterfallen hinderte – diese »kleine Klippe« erhob sich als ein steiler, wilder Berg schwarzglänzender Felsmassen etwa fünfzehn- bis sechzehnhundert Fuß hoch aus dem Meere empor. Nicht um alles in der Welt hätte ich mich näher als etwa sechs Meter an den Rand herangewagt. Ja wirklich, die gefährliche Stellung meines Begleiters entsetzte mich so sehr, dass ich mich der Länge nach zu Boden warf, mich ans Gestrüpp anklammerte und nicht einmal wagte, gen Himmel zu blicken – indes ich mich vergeblich mühte, den Gedanken loszuwerden, dass der Berg bis in seine Grundfesten von den stürmenden Winden erschüttert werde. Es dauerte lange, ehe ich mich so weit zur Vernunft brachte, dass ich mich aufrichten und in die Ferne schauen konnte.

»Sie müssen Ihre Angstvorstellungen überwinden«, sagte der Führer, »habe ich Sie doch hierhergebracht, damit Sie die Szene des Ereignisses, das ich eben erwähnte, so gut als möglich vor Augen haben, denn ich will Ihnen hier angesichts des Ortes die ganze Geschichte berichten.

Wir befinden uns jetzt« – fuhr er mit jener eingehenden Sachlichkeit fort, die ihm eigentümlich war – »wir befinden uns jetzt an der norwegischen Küste – auf dem achtundsechzigsten Breitengrad, in der großen Provinz Nordland und im trübseligen Distrikt Lofoten. Der Berg, auf dessen Gipfel wir sitzen, ist Helseggen, der Bewölkte. Richten Sie sich jetzt ein wenig auf – halten Sie sich am Grase fest, wenn Sie sich schwindlig fühlen – so – und blicken Sie über den Nebelgürtel unter uns hinaus ins Meer.«

Ich schaute auf und gewahrte eine weite Meeresfläche, deren Wasser so tintenschwarz war, dass mir sofort des nubischen Geografen Bericht von dem Mare Tenebrarum in den Sinn kam.

Selbst die kühnste Fantasie könnte sich kein Panorama von gleich trostloser Verlassenheit ausdenken. Rechts und links, so weit das Auge reichte, breiteten sich gleich Wällen, die die Welt abschlossen, Reihen schwarzer, drohend ragender Klippen, deren grausiges Dunkel noch schärfer hervortrat in der tosenden Brandung, die mit ewigem Heulen und Kreischen ihren gespenstischen weißen Schaum an ihnen emporwarf. Dem Vorgebirge, auf dessen Gipfel wir saßen, gerade gegenüber und etwa fünf, sechs Meilen weit ins Meer hinein war eine schmale, schwärzliche Insel sichtbar – oder richtiger: Man vermochte durch den Brandungsschaum, der sie umgab, ihre Umrisse zu erkennen. Etwa zwei Meilen näher an Land erhob sich eine andere, kleinere, entsetzlich steinig und unfruchtbar, der hier und da schwarze Felsklippen vorgelagert waren.

Der Anblick des Meeres zwischen der entfernteren Insel und der Küste war ein sehr ungewöhnlicher. Obgleich ein so heftiger Wind landwärts blies, dass eine Brigg draußen in der offenen See unter doppelt gerefftem Gaffelsegel lag und beständig mit ihrem ganzen Rumpf in den Wogen versank, so war hier doch keine regelrechte Dünung, sondern nur ein kurzes, schnelles, zorniges Aufklatschen des Wassers nach allen Richtungen – sowohl mit als gegen den Wind. Schaum gab es nur wenig, außer in der nächsten Umgebung der Felsen.

»Die ferne Insel«, fuhr der alte Mann fort, »wird von den Norwegern Vurrgh genannt. Die eine näher liegende heißt Moskoe. Jene dort eine Meile nordwärts ist Ambaaren. Dort drüben liegen Islesen, Hotholm, Keildhelm, Suarven und Buckholm. Weiter draußen, zwischen Moskoe und Vurrgh liegen Otterholm, Flimen, Sandflesen und Stockholm. Das sind die Namen der Orte; warum man es aber überhaupt für nötig fand, ihnen Namen zu geben, das ist wohl Ihnen wie mir unbegreiflich. – Hören Sie etwas? Sehen Sie eine Veränderung im Wasser?«

Wir waren jetzt etwa zehn Minuten auf der Spitze des Helseggen, zu dem wir aus dem Innern von Lofoten aufgestiegen waren, sodass wir keinen Schimmer vom Meere erblickt hatten, bis es, als wir oben auf dem Gipfel angelangt waren, plötzlich in voller Weite vor uns lag. Während der Alte sprach, kam mir ein lautes, langsam zunehmendes Tosen zum Bewusstsein, ein Lärm wie das Brüllen einer ungeheuren Büffelherde auf einer amerikanischen Prärie. Und im selben Augenblick gewahrte ich, dass das »Hacken« des Meeres unter uns sich mit rasender Schnelligkeit in eine östliche Strömung verwandelte. Während ich hinsah, nahm diese Strömung noch mit unheimlicher Geschwindigkeit zu. Jeder Augenblick verzehnfachte ihre Hast, ihr maßloses Ungestüm. In fünf Minuten tobte der ganze Ozean bis nach Vurrgh hinaus in gewaltigem Sturm; aber zwischen Moskoe und der Küste toste der Aufruhr am tollsten. Hier stürmte die ungeheure Wasserflut in tausend einander entgegengesetzte Kanäle, brach sich plötzlich in wahnsinnigen Zuckungen, keuchte, kochte und zischte – kreiste in zahllosen riesenhaften Wirbeln, und alles stürmte heulend und sich überstürzend nach Osten, mit einer Geschwindigkeit, wie sie sich nur bei den rasendsten Wasserstürzen findet.

Einige Minuten später hatte sich die Szene wiederum völlig verändert. Die gesamte Oberfläche wurde ein wenig glatter, und die Strudel verschwanden einer nach dem andern, während mächtige Schaumstreifen sich überall da zeigten, wo vorher gar kein Schaum gewesen war. Diese Streifen, die sich immer weiter und weiter ausdehnten und miteinander verbanden, nahmen nun die drehende Bewegung der verschwundenen Strudel an und schienen den Rand eines neuen ganz gewaltigen Strudels zu bilden. Plötzlich – sehr plötzlich – nahm der Wirbel deutliche und bestimmte Form an und wurde zu einem Kreis von mehr als einer Meile Durchmesser. Umrandet war der Wirbel von einem breiten Gürtel schimmernden Schaums; doch nicht der kleinste Teil desselben glitt in den Schlund des schrecklichen Trichters, dessen Innenwand, soweit das Auge es ergründen konnte, von einer glatten, leuchtenden und kohlschwarzen Wassermauer gebildet wurde, die sich in einem Winkel von etwa fünfundvierzig Grad zum Horizont hinneigte und sich in schwingender, schwindelnder Rastlosigkeit im Kreise drehte und dabei so eine fürchterliche, kreischende und heulende Stimme gen Himmel sandte, wie sie selbst der mächtige Niagarafall in seiner Todesangst nicht hervorbringt.

Der Berg erbebte in seinen Grundfesten und der Fels schwankte. Ich warf mich zur Erde, verbarg mein Gesicht und klammerte mich in einem Anfall nervöser Aufregung an das spärliche Strauchwerk.

»Dies kann«, sagte ich endlich zu dem Alten, »dies kann nur der große Strudel des Maelström sein.«

»So wird er manchmal genannt«, sagte der Mann. »Wir Norweger nennen ihn Moskoeström, nach der Insel Moskoe in seiner Nähe.«

Die bekannten Berichte über diesen Strudel hatten mich in keiner Hinsicht auf das vorbereitet, was ich da sah. Die Beschreibung, die Jonas Ramus gibt und die vielleicht die umständlichste von allen ist, kann weder von der Großartigkeit noch von dem Grauen des Ganzen oder von dem seltsam verwirrenden Gefühl des »Neuartigen«, das den Beschauer befällt, auch nur die geringste Vorstellung erwecken. Ich bin nicht sicher, von welchem Punkt aus jener Schriftsteller das Naturschauspiel beobachtete, noch zu welcher Zeit; aber es konnte weder vom Gipfel des Helseggen noch während eines Sturmes gewesen sein. Immerhin hat seine Beschreibung einige Stellen, die erwähnenswert sind, obschon ihre Wirkung im Vergleich mit dem Schauspiel selbst nur eine sehr schwache sein kann.

»Zwischen Lofoten und Moskoe«, berichtet er, »schwankt die Tiefe des Wassers zwischen fünfunddreißig und vierzig Faden;

nach der anderen Seite aber, in der Richtung von Ver (Vurrgh), nimmt diese Tiefe ab, sodass ein Schiff dort nicht passieren kann, ohne Gefahr zu laufen, an den Klippen zu zerschellen, was selbst bei ruhigem Wetter vorkommen kann. Wenn Flutzeit ist, so geht die Strömung landwärts zwischen Lofoten und Moskoe in lärmender Hast dahin, das Tosen ihrer Ebbe zum Meere hin aber wird selbst von den lautesten und fürchterlichsten Katarakten nicht erreicht – man hört das Getöse viele Meilen weit, und die Strudel oder Abgründe sind von solcher Tiefe und Ausdehnung, dass ein Schiff, das in ihren Kreislauf gerät, unvermeidlich angezogen und in den Abgrund hinabgerissen wird, wo es an den Felsen zerschellt und, wenn die Wasser sich beruhigen, in Trümmern wieder emporgetragen wird. Solche Ruhepausen gibt es aber nur beim Übergang von Ebbe zu Flut und von Flut zu Ebbe und nur bei ruhigem Wetter, auch dauern sie nur eine Viertelstunde, dann nimmt der Wirbel langsam wieder zu. Wenn die Strömung am heftigsten und ihre Wut durch einen Sturm gesteigert ist, wird es gefährlich, ihr auf eine norwegische Meile nahe zu kommen. Boote, Jachten und auch größere Schiffe wurden mit fortgerissen, weil sie sich dem Bereich des Strudels nicht fern genug hielten. Es kommt auch vor, dass Walfische der Strömung zu nahe kommen und in ihre Gewalt geraten, und es ist unmöglich, das Heulen und Bellen zu beschreiben, das sie bei ihren vergeblichen Anstrengungen ausstoßen. Einmal wurde ein Bär, der von Lofoten nach Moskoe zu schwimmen versuchte, von der Strömung erfasst und hinabgerissen, und sein entsetzliches Gebrüll wurde bis ans Ufer gehört. Große Vorräte von Fichten und Kiefern kamen, nachdem sie im Strudel gewesen, so zersplittert und zerfetzt an die Oberfläche, dass sie aussahen wie seltsame Borstentiere; und dies zeigt klar, dass im Abgrund des Strudels Felsgrate sind, zwischen denen sie hin und her geschleudert wurden. Die Strömung wird durch Ebbe und Flut reguliert – sodass alle sechs Stunden hohes und niederes Wasser miteinander wechseln. Im Jahre 1645 in der Frühe des Sonntags Sexagesima raste sie mit solchem Ungestüm und Getöse, dass die Häuser an der Küste zusammenstürzten.«

Was nun die Tiefe des Wassers anlangt, so begriff ich nicht, wie sie in der Nähe des Strudels überhaupt hatte gemessen werden können. Die vierzig Faden konnten sich nur auf Teile des Kanals nahe an der Küste von Moskoe oder Lofoten beziehen. Die Tiefe inmitten des Moskoeström muss unermesslich viel größer sein, und man kann keinen besseren Beweis für diese Tatsache finden, als wenn man vom höchsten Grad des Helseggen seitwärts in den Abgrund hinabblickt. Ich, der ich vom Gipfel oben in den heulenden Phlegethon hinuntersah, konnte mich eines Lächelns nicht erwehren über die Einfalt, mit der der ehrenwerte Jonas Ramus die seiner Ansicht nach fast unglaubwürdigen Anekdoten von den Walfischen und dem Bären berichtet; mir schien es tatsächlich ganz selbstverständlich, dass das größte Linienschiff, wenn es in jene tödliche Anziehungskraft geriet, ihr ebenso wenig widerstehen konnte wie eine Feder dem Orkan und sogleich und für immer verschwinden müsse.

Die Erklärungsversuche für das Phänomen, deren einige mir beim Durchlesen ziemlich einleuchtend erschienen waren, sah ich jetzt in ganz anderem Lichte und musste sie als völlig unzureichend verwerfen. Die Anschauung, der am meisten Glauben geschenkt wird, ist, dass dieser Strudel, gleich drei anderen kleineren in der Gegend der Ferroe-Inseln, seinen Ursprung habe in dem Zusammenprall der Wogen an unterirdischen Felsenriffen, die das Wasser derart einengen, dass es zur Zeit der Flut gewaltig aufschäumen, zur Zeit der Ebbe aber in große Tiefen zurückfallen muss. Die natürliche Folge des Ganzen ist ein Strudel, dessen wunderbare Einsaugekraft man schon an kleineren Versuchen erproben kann. So etwa sagt die ›*Encyclopaedia Britannica*‹. Kircher und andere nehmen an, dass in der Mitte des Maelström-Kanals ein Abgrund sich befinde, der den Erdball durchbohre und in irgendeiner fernen Gegend endige – irgendwer bezeichnet übrigens mit ziemlicher Bestimmtheit den Bottnischen Meerbusen als Durchbruchstelle des Strudelkanals. Diese an sich recht törichte Annahme erschien mir jetzt beim Anblick des gewaltigen Naturereignisses gar nicht so unhaltbar; ich sprach davon zu meinem Führer, der mir zu meiner Verwunderung erwiderte, obgleich er wisse, dass diese Auffassung der Sache von den meisten Norwegern geteilt werde, so könne er selbst ihr doch nicht beistimmen. Was die vorher erwähnte Annahme des Jonas Ramus betreffe, so müsse er gestehen, dass er sie nicht begreifen könne, und darin musste ich ihm beipflichten, denn so glaubwürdig sie sich auch auf dem Papier ausgenommen, so unverständlich, ja geradezu absurd erschien sie hier inmitten des Sturmgetöses des Strudels selbst.

»Sie haben sich jetzt den Strudel gut betrachten können«, sagte der alte Mann, »und wenn Sie sich nun hier auf die andere Seite des Felsvorsprungs niederlassen würden, wo wir vor dem Wind geschützt sind und das Brausen der Wellen weniger laut hören, so werde ich Ihnen eine Geschichte erzählen, die Sie davon überzeugen wird, dass ich wohl etwas vom Moskoeström wissen muss.«

Ich setzte mich so, wie er es wünschte, und er fuhr fort:

»Meine beiden Brüder und ich besaßen eine schoonerartig aufgetakelte Schmack von etwa siebzig Tonnen Tragfähigkeit, mit der wir zwischen den Inseln hinter Moskoe nahe bei Vurrgh zu fischen pflegten. Überall, wo das Meer heftig brandet, ist zu geeigneten Zeiten der Fischfang gut, wenn man nur den Mut hat, ihn zu wagen; doch unter allen Küstenbewohnern der Lofoten waren wir drei die einzigen, die es sich regelrecht zum Beruf machten, nach jenen Inseln hinauszufahren. Die eigentlichen Fischgründe sind eine gute Strecke weiter nach Süden gelegen. Dort kann man zu allen Zeiten fangen, und es ist keine Gefahr dabei; darum werden jene Plätze bevorzugt. Die ertragreichen Fangplätze hier zwischen den Felsen aber liefern nicht nur die besten Sorten, sondern diese sogar im reichstem Maße, so dass wir oft in einem einzigen Tage so viel fingen wie ängstlichere Fischer mühsam in einer Woche zusammenbrachten. Es war in der Tat ein verzweifeltes Unternehmen, bei dem das Wagnis die Arbeit ersetzte und Mut das Anlagekapital war.

Der Ankerplatz unseres Schiffes war in einer Bucht, die etwa fünf Meilen von dieser hier entfernt ist, und es war unsere Gewohnheit, bei schönem Wetter die Viertelstunde *Tot*wasser zwischen Ebbe und Flut auszunutzen, um über den Hauptkanal des Moskoeström weit oberhalb des Strudels hinüberzusegeln und irgendwo in der Nähe von Otterholm oder Sandflesen, wo die Brandung nicht allzu heftig ist, vor Anker zu gehen. Hier pflegten wir zu bleiben, bis wiederum Totwasser einsetzte, worauf wir die Anker lichteten und uns auf den Heimweg machten. Wir unternahmen diese Fahrt nur dann, wenn wir für Hin- und Rückfahrt auf beständigen Wind rechnen konnten – einen Wind, von dem wir überzeugt waren, dass er uns bei der Rückfahrt nicht im Stich lassen werde –, und in dieser Hinsicht war unsere Berechnung selten falsch. Zweimal in sechs Jahren waren wir genötigt, die ganze Nacht vor Anker zu liegen, infolge einer gerade hier äußerst seltenen völligen Windstille, und einmal mussten wir fast eine Woche draußen bei den Fischplätzen ausharren und waren dem Hungertode nahe; aber wir konnten die Überfahrt nicht wagen, denn ein Sturmwind blies, der den Kanal allzu gefährlich machte. Bei dieser Gelegenheit wären wir trotz aller Anstrengungen in die See hinausgetrieben worden (denn die Strudel warfen uns so heftig herum, dass wir schließlich den Anker einzogen), wären wir nicht zufällig in eine der zahlreichen Gegenströmungen geraten, die heute da sind und morgen wieder fort. Diese Strömung trieb uns in die windgeschützte Gegend von Flimen, wo wir das Glück hatten, landen zu können.

Ich könnte Ihnen nicht den zwanzigsten Teil all der Schwierigkeiten aufzählen, mit denen wir an den Fangplätzen zu kämpfen hatten, denn selbst bei gutem Wetter ist es da draußen übel genug; dennoch gelang es uns immer, den Moskoeström selbst ohne Unfall zu passieren, obgleich mir oft genug das Herz erschrak, wenn wir bisweilen ein oder zwei Minuten vor oder nach dem Totwasser dort waren. Der Wind war manchmal nicht so stark, wie wir beim Ausfahren gedacht hatten, und dann kamen wir langsamer voran, als wünschenswert war, und verloren in der Strömung die Gewalt über das Schiff. Mein ältester Bruder hatte einen achtzehnjährigen Sohn, und ich selbst besaß zwei kräftige Buben. Diese wären zu solchen Zeiten beim Ein- und Ausziehen der Fischtaue wie auch beim Fischen selbst sehr brauchbar gewesen, aber trotzdem wir für uns die Gefahr nicht fürchteten, hatten wir doch nicht das Herz, die Jungen dem Wagnis auszusetzen – denn es ist schon so und muss gesagt werden: Es war ein entsetzliches Wagnis.

Es sind jetzt in wenigen Tagen drei Jahre, seit sich das ereignete, was ich Ihnen nun erzählen will. Es war der zehnte Juli 18…, ein Tag, den man hierzulande nie vergessen wird, denn es blies der schrecklichste Orkan, der je aus den Himmeln niederstürzte; und doch hatte am Vormittag und sogar bis in den späten Nachmittag ein sanfter Südwest geweht, während die Sonne heiter strahlte, sodass die ältesten Seeleute unter uns nicht hätten voraussehen können, was sich später ereignete.

Wir drei – meine beiden Brüder und ich – waren gegen zwei Uhr nachmittags zu den Inseln hinübergekreuzt und hatten bald die Schmack mit edlen Fischen voll, die, wie wir alle bemerkten, an diesem Tage zahlreicher als je aufgetreten waren. Auf meiner Uhr war es gerade sieben, als wir lichteten und die Heimfahrt antraten, um den schlimmsten Teil des Ström bei Totwasser zurückzulegen, das nach unserer Erfahrung um acht einsetzte.

Ein frischer Wind kam von Steuerbord her, und eine Zeit lang hatten wir eilige Fahrt und ließen uns keine Gefahr träumen, denn wir sahen nicht den geringsten Grund dazu. Ganz plötzlich aber wurden wir von einer Brise von Helseggen her rückwärts getrieben. Das war höchst seltsam – etwas, das sich noch nie ereignet hatte, – und ich begann unruhig zu werden, ohne recht zu wissen, weshalb. Wir stellten das Boot nach dem Winde, konnten aber infolge der starken Brandung nicht vorwärtskommen, und ich wollte gerade den Vorschlag machen, zum Ankerplatz zurückzukehren, als wir, rückwärts blickend, den ganzen Horizont von einer einzigen kupferfarbenen Wolke bedeckt sahen, die mit unheimlicher Schnelligkeit heraufzog.

Währenddessen hatte sich der Wind, der uns soeben zurückgeworfen, ganz plötzlich gelegt, und in der Totenstille trieb unser Schiff haltlos umher. Dieser Zustand dauerte jedoch nicht so lange, dass wir Zeit gehabt hätten, ihn zu bedenken. In kaum einer Minute war der Sturm über uns – in kaum zweien war der ganze Himmel schwarz, und es wurde so dunkel, dass wir im Schiff einander nicht mehr erkennen konnten.

Es wäre Wahnsinn, den Orkan, der nun einsetzte, beschreiben zu wollen. Der älteste Seemann in ganz Norwegen hatte dergleichen nicht erlebt. Wir hatten unsere Segel dem Wind überlassen, ehe der uns richtig packte. Nun flogen beim ersten Stoß unsere beiden Mäste über Bord, als seien sie abgemäht – und der Hauptmast nahm meinen jüngsten Bruder mit sich, der sich sicherheitshalber an ihn angebunden hatte.

Unser Boot war das federleichteste Ding, das je auf dem Wasser geschwommen. Es hatte ein vollkommen geschlossenes Verdeck mit nur einer Luke nahe am Bug, und diese Luke pflegten wir immer bei Annäherung an den Ström zu schließen, um uns gegen die Sturzseen zu sichern. Ohne diese gewohnte Vorsichtsmaßregel wären wir sofort zugrunde gegangen – denn wir waren minutenlang buchstäblich im Wasser begraben. Wie mein älterer Bruder der Vernichtung entrann, kann ich nicht sagen; ich hatte nie Gelegenheit, das festzustellen. Ich für mein Teil warf mich sofort flach zu Boden, nachdem ich das Vordersegel losgelassen, stemmte die Füße gegen das schmale Schandeck des Bugs und erfasste mit den Händen einen Ringbolzen in der Nähe des Vormastes. Es war lediglich Instinkt, was mich zu solchem Handeln trieb, denn zum Denken war ich viel zu verwirrt – aber ich hätte jedenfalls gar nichts Besseres tun können.

Minutenlang waren wir, wie ich schon sagte, vollkommen unter Wasser; und während dieser ganzen Zeit hielt ich den Atem an und klammerte mich an den Ring. Als ich es nicht mehr aushalten konnte, erhob ich mich auf die Knie und bekam so den Kopf frei; den Ring hielt ich noch immer fest. Da schüttelte sich unser kleines Boot, gerade wie ein Hund, wenn er aus dem Wasser kommt, und befreite sich dadurch ein wenig aus den Wellen. Ich versuchte nun der Bestürzung, die mich überrumpelt hatte, Herr zu werden und meine Sinne zum Überlegen zu sammeln, als ich mich plötzlich am Arm erfasst fühlte. Es war mein älterer Bruder, und mein Herz hüpfte vor Freude, denn ich war überzeugt gewesen, auch er sei über Bord geschwemmt. Im nächsten Augenblick aber wandelte sich all diese Freude in Entsetzen – er presste seinen Mund an mein Ohr und gellte das Wort hinaus: ›Moskoeström!‹.

Niemand wird je ermessen, was ich in jenem Augenblicke fühlte. Ich erbebte von Kopf zu Fuß, wie in einem heftigen Anfall von Schüttelfrost. Ich wusste gut, was er mit diesem einen Worte meinte – ich wusste, was er mir begreiflich machen wollte. Mit dem Wind, der uns jetzt vorwärtsjagte, waren wir dem Strudel des Ström verfallen, und nichts konnte uns retten!

Sie müssen im Auge behalten, dass wir uns zur Überquerung des Kanals stets eine Stelle weit oberhalb der Strudels aussuchten; auch bei ruhigstem Wetter taten wir das und warteten sorgsam das

Totwasser ab – nun aber trieben wir direkt auf den Wirbelstrom zu – und dabei in diesem Orkan! ›Sicherlich‹, dachte ich ›kommen wir gerade bei Totwasser dort an – es ist wenigstens Hoffnung dafür vorhanden –‹, im nächsten Augenblick aber verwünschte ich mich selbst, dass ich Narr genug war, überhaupt von Hoffnung zu träumen. Ich wusste recht gut, dass wir dem Untergang verfallen waren, und wären wir auch zehnmal ein großes, festes Kriegsschiff gewesen.

Die erste Wut des Sturmes hatte sich gelegt, oder vielleicht fühlten wir ihn nur weniger, da er uns vor sich hertrieb, – jedenfalls erhoben sich jetzt die Wogen, die der Wind bisher niedergehalten, zu wahren Bergen. Auch der Himmel hatte sich seltsam verändert. Nach allen Richtungen in der Runde war noch immer pechschwarze Nacht, doch beinahe uns zu Häupten brach ein kreisrundes Stück klaren Himmels durch – so klar, wie ich ihn nur je gesehen, und von tiefem strahlendem Blau –, und aus seiner Mitte leuchtete der volle Mond in nie geahntem Glanz! Er rückte unsere ganze Umgebung in hellstes Licht – o Gott, welch ein Schauspiel beleuchtete er!

Ich machte jetzt ein paar Versuche, mit meinem Bruder zu sprechen, aber das Getöse hatte unerklärlicherweise derart zugenommen, dass ich ihm nicht ein einziges Wort verständlich machen konnte, obgleich ich ihm mit aller Gewalt ins Ohr schrie. Er schüttelte den Kopf, sah totenbleich aus und erhob einen Finger, als wolle er sagen: ›Horch!‹.

Zuerst begriff ich ihn nicht – bald aber überfiel mich ein entsetzliches Begreifen. Ich zog die Uhr aus der Tasche. Sie ging nicht mehr. Ich hielt das Zifferblatt ins Mondlicht und brach in Tränen aus, als ich sie nun weit ins Meer schleuderte. *Sie war um sieben Uhr stehen geblieben! Die Zeit des Totwassers war vorüber und der Strudeltrichter des Ström in voller Wut!*

Ist ein Boot gut gebaut und richtig und nicht allzu schwer beladen, so scheinen in einem heftigen Sturm die Wellen unter dem Schiff hervorzukommen, was einem Unerfahrenen stets merkwürdig erscheint; in der Seemannssprache sagt man, das Schiff reitet. Bisher also waren wir auf den Wogen geritten, nun aber erfasste uns eine riesenhafte Welle gerade unter der Gilling und hob uns mit sich empor – hinauf, hinauf –, als ginge es in den Himmel. Ich hätte es gar nicht für möglich gehalten, dass eine Woge so hoch steigen könne. Und dann ging es wieder schleifend und gleitend und stürzend hinunter, dass mir ganz übel und schwindlig wurde, wie wenn man im Traum von einem Berggipfel herunterstürzt. Aber während wir oben waren, hatte ich schnell Umschau gehalten – und dieser eine Rundblick genügte. Ich erkannte im Augenblick unsere ganze Lage. Der Strudel des Moskoeströms lag etwa eine Viertelmeile vor uns – aber er glich so wenig dem gewöhnlichen Moskoeström wie der Strudel da etwa der Welle eines Mühlbachs. Hätte ich nicht bereits gewusst, wo wir uns befanden und was uns bevorstand, so hätte ich den Ort überhaupt nicht erkannt. Ich schloss vor Entsetzen unwillkürlich die Augen. Die Lider krampften sich wie im Todeskampfe zusammen.

Es konnten kaum zwei Minuten vergangen sein, als wir plötzlich glatteres Wasser spürten und in Gischt eingehüllt waren. Das Boot machte eine kurze, halbe Drehung nach Backbord und schoss dann wie der Blitz in seiner neuen Richtung dahin. Im selben Augenblick ertrank das Brüllen der Wasser in einer Art schrillem Gekreisch – einem Ton, wie ihn etwa die Ventile mehrerer tausend Dampfschiffe beim Auslassen des Dampfes zusammen hervorbringen könnten. Wir befanden uns jetzt in dem Schaumgürtel, der stets den Strudel umringt, und ich dachte natürlich, dass der nächste Augenblick uns in den Abgrund schleudern werde, den wir infolge der Schnelligkeit, mit der wir dahinsausten, nur unklar erkennen konnten. Das Boot schien überhaupt nicht im Wasser zu liegen, sondern wie eine Luftblase über den Schaum dahinzutanzen. Seine Steuerbordseite war dem Strudel zugekehrt, und hinter Backbord dehnte sich das unendliche Meer, mit dem wir noch eben gekämpft hatten. Es stand wie ein mächtiger wandelnder Wall zwischen uns und dem Horizont.

Es mag seltsam erscheinen – aber jetzt, wo wir uns im Rachen des Abgrundes befanden, fühlte ich mich ruhiger als während der Zeit, da wir uns ihm erst näherten. Nun ich mich damit vertraut gemacht, alle Hoffnung aufzugeben hatte, verlor ich auch ein gut Teil des Schreckens, der mich zuerst lähmte. Ich glaube, es war Verzweiflung, die meine Nerven stählte.

Wie prahlerisch es auch klingt, es ist dennoch wahr: Ich begann zu empfinden, welch herrliche Sache es sei, auf diese Weise zu sterben, und wie töricht es von mir war, beim Anblick solch großartigen Beweises von Gottes Herrlichkeit an mein eigenes erbärmliches Leben zu denken. Ich glaube, ich errötete vor Scham, als dieser Gedanke mir in den Sinn kam. Nach einiger Zeit erfasste mich eine wilde Neugier bezüglich des Strudels selbst. Ich fühlte tatsächlich den *Wunsch*, seine Tiefen zu ergründen, obgleich ich mich selbst dabei opfern musste, und mein hauptsächlicher Kummer war der, dass ich meinen alten Gefährten an Land niemals von den Wundern berichten sollte, die ich erschauen würde. Das waren gewiss sonderbare Betrachtungen für einen Mann in meiner Lage, und ich habe schon manchmal gedacht, dass die Drehungen des Bootes im Strudel mir ein wenig den Kopf verrückt hatten.

Noch ein anderer Umstand trug dazu bei, mir meine Selbstbeherrschung wiederzugeben, und das war das Aufhören des Windes, der uns in unserer gegenwärtigen Lage nicht erreichen konnte – denn wie Sie selbst sahen, liegt der Schaumgürtel beträchtlich tiefer als der Ozean selbst, und dieser Letztere türmte sich jetzt über uns auf wie ein hoher, schwarzer Bergrücken. Wenn Sie nie bei heftigem Sturm auf See gewesen sind, können Sie sich gar keinen

Begriff machen von der allgemeinen Sinnesverwirrung, die Wind und Sturzsee verursachen. Man ist blind und taub und dem Ersticken nahe und verliert alle Kraft zum Denken oder Handeln. Jetzt aber waren wir diese Qualen los – gerade wie zum Tode verurteilte Verbrecher kleine Erleichterungen genießen, die ihnen versagt bleiben, solange ihr Schicksal noch nicht ganz entschieden ist.

Wie oft wir den Schaumgürtel umkreisten, kann ich nicht sagen. Wir jagten wohl schon eine Stunde lang in der Runde und gelangten allmählich, mehr fliegend als schwimmend, in die Mitte des Gischtstreifens und näher und immer näher an seinen furchtbaren inneren Rand. In dieser ganzen Zeit hatte ich den Ringbolzen nicht losgelassen. Mein Bruder war am Heck und klammerte sich dort an ein kleines, leeres Wasserfass, das an der Gilling festgebunden und der einzige Gegenstand auf Deck war, den der Sturm nicht über Bord gefegt hatte. Als wir uns dem Rande des Trichters näherten, ließ er seinen Halt fahren und langte nach dem Ring, von dem er in seiner Todesangst meine Hände fortzureißen suchte, denn der Ring war nicht groß genug, uns beiden einen sicheren Griff zu bieten. Nie empfand ich tieferen Kummer, als da ich ihn diese Tat begehen sah – obschon ich wusste, dass er toll war, als er es tat – ein Wahnsinniger aus namenloser Angst. Es lag mir nichts daran, mit ihm um diesen Halt zu kämpfen. Ich wusste, dass es gleichgültig war, ob einer von uns sich anklammerte oder nicht; so überließ ich ihm den Ring und ging nach hinten zum Fass. Das war nicht schwierig zu bewerkstelligen, denn die Schmack flog in glatter Bahn vorwärts und schwang nur in dem ungeheuren Bogen des Strudels mit. Kaum hatte ich an dem neuen Ort Fuß gefasst, als wir einen wilden Satz nach Steuerbord machten und in den inneren Trichter hineinjagten. Ich murmelte ein Stoßgebet und glaubte, alles sei vorüber.

In dem taumelnden Schwindelgefühl, das mich bei dem Hinabsausen erfasste, presste ich die Hände fester um das Fass und schloss die Augen. Sekundenlang wagte ich nicht sie zu öffnen, ich erwartete den sofortigen Tod und begriff nicht, dass ich nicht schon im Todeskampf mit dem Wasser rang. Doch Minute nach Minute verrann. Ich lebte noch immer. Das Gefühl des Hinabfallens hatte aufgehört, und die Bewegung des Schiffes schien ganz die gleiche wie vordem im Schaumgürtel, nur dass es jetzt mehr auf der Seite lag. Ich fasste Mut und warf von Neuem einen Blick auf den Schauplatz.

Nie werde ich die Empfindung von Ehrfurcht, Entsetzen und staunender Bewunderung vergessen, mit der ich um mich schaute. Das Boot lag vollkommen auf der Seite, schien wie durch Zaubermacht an der inneren Oberfläche eines ungeheuer weiten Trichters von unerkennbarer Tiefe festzukleben, eines Trichters, dessen vollkommen glatte Wände man für Ebenholz hätte halten können, hätten sie sich nicht mit verwirrender Schnelligkeit im Kreise gedreht und ein seltsam gespenstisches Licht ausgestrahlt, als der Glanz des Vollmonds aus der kreisförmigen Wolkenöffnung in goldener Flut die schwarzen Wälle herabströmte und tief in das Innere des Abgrunds hinableuchtete.

Zuerst war ich zu verwirrt, um irgendetwas deutlich wahrzunehmen. Ich hatte nur den Eindruck eines erhabenen, entsetzlichen Schauspiels. Als ich mich jedoch ein wenig erholt hatte, wandte sich mein Blick unwillkürlich in die Tiefe. In dieser Richtung konnte ich deutlich sehen, auf welche Weise die Schmack am steilen Hang des Abgrunds hinschwebte. Sie lag ganz gleichlastig, das heißt, ihr Deck lag in gleicher Höhe mit dem Wasserspiegel, der sich in einer Neigung von mehr als fünfundvierzig Grad in die Runde schwang, sodass die Deckbalken unmittelbar auf dem Wasser zu ruhen schienen. Ich bemerkte jedoch, dass es mir gegenwärtig kaum schwerer fiel, festen Halt und Fuß zu fassen, als da wir uns noch in normaler Schiffslage befunden hatten, und das war vermutlich auf die Geschwindigkeit zurückzuführen, mit der wir uns drehten.

Die Strahlen des Mondes schienen bis auf den Grund des ungeheuren Schlundes hinabtauchen zu wollen. Dennoch konnte ich dort nichts deutlich erkennen, infolge eines dichten Nebels, der alles umhüllte und über den sich ein prächtiger Regenbogen spannte gleich der schmalen und schwanken Brücke, von der die Moslim sagen, dass sie der einzige Pfad zwischen Zeit und Ewigkeit sei. Dieser Nebel oder Gischt wurde wahrscheinlich durch das Aufeinanderprallen der unten am Ende des Trichters zusammenstürzenden Wasserfälle verursacht – das Geheul aber, das aus dem Nebel zu den Himmeln aufgellte, wage ich nicht zu beschreiben.

Unser erstes Hinabgleiten aus dem Schaumgürtel oben in den Trichter selbst hatte uns ein beträchtliches Stück den Abhang hinuntergetragen, unser fernerer Abstieg aber stand in gar keinem Verhältnis zu diesem ersten Sturz. Um und um schwangen wir – nicht in gleichmäßigem Bogen – sondern in schwindelerregenden Schwüngen und Sprüngen, die uns manchmal nur ein paar Hundert Meter vorwärts brachten, manchmal um die ganze Rundung des Strudels warfen. Unser Abwärtsgleiten bei jeder solchen Umdrehung war gering, doch immerhin merklich.

Als ich auf der ungeheuren Fläche flüssigen Ebenholzes, auf der wir so entlang getragen wurden, Umschau hielt, gewahrte ich, dass unser Boot nicht der einzige Gegenstand im Schlunde des Abgrunds war. Sowohl über als unter uns waren einzelne Schiffstrümmer erkennbar, mächtige Haufen Bauholz und Baumstämme nebst allerlei kleineren Gegenständen, wie Hausrat, Kisten, Fässer und Dauben. Ich habe schon erwähnt, dass mein erstes Entsetzen einer fast unnatürlichen Neugier gewichen war. Sie schien mehr und mehr anzuwachsen, je näher ich meinem Untergang kam. Ich begann jetzt mit merkwürdigem Eifer alle die Dinge zu verfolgen, die mit uns dahinjagten. Ich muss entschieden im Fieberwahnsinn gewesen sein, denn ich fand sogar *Freude* daran, die relative Geschwindigkeit, mit welcher die einzelnen Dinge dem Nebelstaub drunten zu jagten, zu berechnen. ›Diese Fichte‹, überlegte ich einmal, ›wird gewiss das Nächste sein, was den fürchterlichen Sprung ins Unergründliche tut‹ – und ich war sehr enttäuscht, als das Wrack eines holländischen Handelsschiffes die Fichte überholte und vor ihr verschwand. Als ich schließlich mehrere solcher Mutmaßungen angestellt hatte und dann in allen getäuscht worden war, gab mir diese Tatsache – die Tatsache, dass meine Berechnungen ohne Ausnahme falsch gewesen waren, – einen Gedanken ein, bei dem meine Glieder von neuem erbebten und mein Herz in schweren Schlägen pulste.

Es war nicht neues Entsetzen, das mich erfasste, sondern die dämmernde Ahnung einer noch viel aufregenderen *Hoffnung*. Diese Hoffnung knüpfte sich sowohl an frühere Erfahrungen als an soeben gemachte Beobachtungen. Ich erinnerte mich des zahlreichen Strandgutes, das an die Küste der Lofoten angeschwemmt wurde – alles Dinge, die der Moskoeström an sich gerissen und wieder emporgeschleudert hatte. Die große Mehrzahl dieser Dinge war ganz außerordentlich zerfetzt und zerbrochen – so rau und zersplittert war manches, dass es wie mit Stacheln besät aussah, – doch erinnerte ich mich bestimmt, dass *einige* dieser Dinge gänzlich unversehrt waren. Nun konnte ich mir diese Verschiedenheit nicht anders erklären, als dass die zerfetzten Trümmer die einzigen Dinge waren, die wirklich den Grund des Strudels erreicht hatten, und dass die andern erst gegen Ende einer Tätigkeitsperiode des Maelström in den Trichter geraten oder darin so langsam hinabgeglitten waren, dass sie noch nicht unten angelangt waren, als schon die Flut oder Ebbe – je nachdem – einsetzte. In beiden Fällen hielt ich es für möglich, dass sie wieder an die Oberfläche des Meeres hinaufgewirbelt werden könnten, ohne das Schicksal jener Dinge zu teilen, die früher eingesogen oder schneller hinabgerissen worden waren. Ich machte ferner drei bedeutsame Beobachtungen. Die erste war die allgemeine Regel: Je größer die Gegenstände, desto schneller ihre Abwärtsbewegung; die zweite: zwischen zwei Dingen gleicher Größe, von denen das eine sphärische (kugelige) und das andere irgendeine andere Gestalt hat, wird das sphärische die größte Schnelligkeit im Abwärtsgleiten aufweisen; die dritte: zwischen zwei Dingen gleicher Größe, von denen das eine zylindrische (längliche), das andere irgendeine andere Gestalt hat, wird das zylindrische langsamer eingesogen werden. Seit meiner Rettung habe ich mit einem alten Lehrer unserer Gegend mehrfach über diese Dinge gesprochen, und von ihm lernte ich die Anwendung der Bezeichnungen ›Zylinder‹ und ›Sphäre‹. Er erklärte mir – ich habe die Erklärung allerdings vergessen – wie das, was ich beobachtet hatte, in der Tat die natürliche Folgeerscheinung der jeweiligen Formen der schwimmenden Gegenstände sei, und zeigte mir, wie es komme, dass ein in einen Strudel geratener Zylinder der Einsaugekraft desselben mehr Widerstand entgegensetze und langsamer niedergezogen werde als irgendein anders geformter Körper gleicher Größe.*

Da war noch ein überraschender Umstand, der diesen Beobachtungen recht gab und mich begierig machte, sie zu verwerten, und das war, dass wir bei jeder Umdrehung an irgendeinem Fass oder einer Rahe oder einem Mast vorüberkamen, während viele solcher Dinge, die auf gleicher Höhe mit uns trieben, als ich die Augen zuerst den Wundern des Strudels zu öffnen wagte, jetzt hoch über uns dahinschwammen und ihren Ort nur wenig verändert hatten.

Ich wusste nun, was ich zu tun hatte. Ich beschloss, mich an das Wasserfass, an dem ich mich noch immer anklammerte, festzubinden, es von der Gilling loszuschneiden und mich mit ihm

* Siehe Archimedes »De Incidentibus in Fluido« – lib. 2.

ins Wasser zu werfen. Ich machte meinen Bruder durch Zeichen aufmerksam, deutete auf die schwimmenden Fässer, an denen wir vorüberschwangen, und tat alles, was in meiner Macht stand, um ihm mein Vorhaben begreiflich zu machen. Ich glaubte schließlich, er habe meine Absicht begriffen, doch – mochte das nun der Fall sein oder nicht – er schüttelte verzweifelt den Kopf und weigerte sich, seinen Platz am Ringbolzen aufzugeben. Es war unmöglich, zu ihm hinzukommen, die schreckliche Lage gestattete keinen Aufschub, und so überließ ich ihn nach hartem Kampf seinem Schicksal, band mich mit den Stricken, die das Fass an der Gilling festgehalten, an Ersteres fest und warf mich ohne weiteres Zögern ins Meer.

Der Erfolg war ganz so, wie ich ihn erhofft hatte. Da ich selbst es bin, der Ihnen diese Geschichte erzählt, da Sie sehen, dass ich tatsächlich das Leben rettete, und da Sie schon wissen, auf welche Weise diese Rettung bewerkstelligt wurde, will ich meine Geschichte schnell zu Ende bringen.

Es mochte etwa eine Stunde vergangen sein, seit ich die Schmack verlassen hatte, als sie, von der ich weit, weit überholt war, schnell hintereinander drei oder vier rasende Umdrehungen machte und – meinen geliebten Bruder mit sich führend – kopfüber und für immer in das Chaos von Gischt hinabstürzte. Das Fass, an dem ich mich festgebunden, hatte kaum die Hälfte des Zwischenraums durchlaufen, der damals, als ich den Sprung tat, das Schiff vom Abgrund trennte, da ging mit dem Strudel eine große Veränderung vor sich. Die Neigung der Seitenwände des ungeheuren Trichters wurde weniger und weniger steil. Die Umdrehungen des Wirbels wurden allmählich langsamer und langsamer. Der Gischt und der Regenbogen verschwanden nach und nach, und der Boden des Schlundes begann sich höher und höher zu heben. Der Himmel war klar, der Wind hatte sich gelegt, und der volle Mond ging strahlend im Westen unter, als ich mich auf der Oberfläche des Meeres fand, angesichts der Küste von Lofoten und über der Stelle, wo der Trichter des Moskoeström *gewesen war*. Es war die Stunde des Totwassers – aber das Meer rollte infolge des vorangegangenen Sturms noch immer in haushohen Wogen. Ich wurde von der Strömung heftig mitgerissen und die Küste entlang zu den Fischplätzen der anderen getrieben. Ein Boot nahm mich auf. Ich war vor Müdigkeit völlig erschöpft und jetzt, da die Gefahr vorüber, sprachlos in der Erinnerung an ihre Schrecken. Die mich an Bord zogen, waren meine alten Kameraden und täglichen Gefährten, aber sie kannten mich ebenso wenig, wie sie irgendeinen Wanderer aus dem Reich der Schatten gekannt haben würden. Mein Haar, das tags vorher rabenschwarz gewesen, war so weiß, wie Sie es jetzt erblicken. Man sagt auch, mein Gesichtsausdruck habe sich völlig verändert. Ich erzählte ihnen meine Geschichte – man glaubte sie mir nicht. Ich erzähle sie jetzt Ihnen, doch kann ich auch von Ihnen kaum erwarten, dass Sie ihr mehr Glauben schenken als die kühnen Fischer von Lofoten.«

HOPP-FROSCH

Ich habe niemals jemand gekannt, der so sehr zu Scherz und Spaß aufgelegt war wie der König; es war geradezu sein Lebenselement. Eine lustige Geschichte gut erzählen – das war der sicherste Weg, sich bei ihm in Gunst zu setzen. So kam es, dass seine sieben Minister alle dafür bekannt waren, vollendete Spaßmacher zu sein. Sie glichen auch sonst dem König: Sie waren nicht nur unvergleichliche Witzbolde, sondern auch große, korpulente, fette Männer. Ob die Leute vom Scherzen fett werden oder ob die Veranlagung zu Spaß und Scherz bei fetten Leuten besonders stark entwickelt ist, habe ich nie ganz genau feststellen können; Tatsache aber ist, dass ein magerer Spaßmacher ein seltener Vogel ist. Aus den Feinheiten oder, wie er sagte, dem »Geist« des Witzes machte der König sich wenig. Er bewunderte hauptsächlich die Breite eines Scherzes, und um ihretwillen ließ er sich auch die Länge gefallen. Feinheiten langweilten ihn, und alles in allem gefiel es ihm noch besser, einen Streich auszuführen, als einen erzählt zu bekommen.

Zu der Zeit, in der meine Geschichte spielt, waren berufsmäßige Spaßmacher bei Hofe noch nicht ganz aus der Mode gekommen. Mehrere Mächte des Kontinents hatten noch ihre Narren, in Narrenkleid und Schellenkappe, die zum Dank für die Brosamen, die ihnen an des Königs Tische zufielen, stets zu Spott und Witz bereit sein mussten.

Unser König hatte selbstverständlich auch seinen Hofnarren. Tatsache ist, dass er ein wenig Narrheit um sich brauchte – sei es auch nur als Gegengewicht gegen die ungeheure Weisheit der sieben weisen Männer, seiner Minister – von ihm selbst gar nicht zu reden.

Sein Narr war jedoch nicht nur ein Narr. Sein Wert wurde in den Augen des Königs dadurch verdreifacht, dass er außerdem ein Zwerg und ein Krüppel war. In jenen alten Tagen waren Zwerge am Hof nicht seltener als Narren, und viele Herrscher hätten es schwer gefunden, die Tage hinzubringen – und bei Hofe sind die Tage länger als sonstwo – ohne einen Spaßmacher, mit dem sie lachen, und einen Zwerg, über den sie lachen konnten. Doch wie ich schon bemerkte, sind in neunundneunzig von hundert Fällen die Witzbolde fett, rund und schwerfällig, sodass unser König sich wirklich gratulieren konnte, in Hopp-Frosch, das war des Narren Name, in einer Person einen dreifachen Schatz zu besitzen.

Ich glaube nicht, dass der Zwerg schon bei der Taufe den Namen Hopp-Frosch erhielt, er verdankte ihn vielmehr dem weisen Rat der sieben Minister und seiner eigenen Unfähigkeit, wie andere Menschen aufrecht einherzugehen. Hopp-Frosch konnte sich nur mittels eines ganz absonderlichen Verfahrens vorwärtsbewegen, es war halb ein Sprung, halb ein schlängelndes Vorschleudern des Körpers, eine Gangart, die allen bei Hofe unglaublichen Spaß machte und dem König ein rechter Trost war, denn im Vergleich zu seinem Narren galt er selbst trotz seines gewaltigen vorspringenden Bauches und seines mächtigen Wasserkopfes für einen schön gebauten Mann.

Obgleich Hopp-Frosch infolge seiner missgestalteten Beine sich nur mühsam und unter Schmerzen vorwärtszubewegen vermochte, so konnte er, wenn es sich ums Klettern handelte, ganz

Außergewöhnliches leisten. Die Natur hatte ihn für die Unvollkommenheit seiner unteren Gliedmaßen mit einer unerhörten Muskelkraft der Arme ausgestattet. Wenn er so auf Bäumen und an Seilen herumkletterte, glich er eher einem Eichhörnchen oder einem kleinen Affen als einem Frosch. Ich bin nicht imstande, mit Bestimmtheit anzugeben, aus welchem Lande Hopp-Frosch stammte. Jedenfalls war es irgendeine unwirtliche Gegend, von der niemand etwas wusste, und weit entfernt vom Hofe unseres Königs. Hopp-Frosch und ein junges Mädchen von fast ebenso zwerghafter Gestalt wie er selbst – nur dass sie wohlproportioniert und eine wunderbare Tänzerin war – waren aus ihrer Heimat gewaltsam in benachbarte Provinzen verschleppt worden, von wo einer seiner stets siegreichen Generäle sie dem König zum Geschenk sandte.

Unter solchen Umständen ist es nicht verwunderlich, dass zwischen den beiden kleinen Gefangenen eine innige Freundschaft erwuchs. Hopp-Frosch, der trotz seiner Kurzweiligkeit keineswegs beliebt war, war nicht in der Lage, Tripetta große Dienste erweisen zu können; sie aber wurde trotz ihrer Zwergengestalt, dank einer seltenen Anmut und Lieblichkeit, allgemein verehrt und verhätschelt; sie hatte also eine große Macht und versäumte nie, sich ihrer, sobald es nottat, zugunsten von Hopp-Frosch zu bedienen.

Anlässlich irgendeines großen Staatsereignisses – was es war, habe ich vergessen – hatte der König beschlossen, ein Maskenfest zu geben, und wann immer ein Maskenfest oder dergleichen an unserem Hofe stattfinden sollte, rief man die Talente Hopp-Froschs und Tripettas zur Hilfe. Denn der Zwerg war so erfinderisch in der Zusammenstellung von Festaufzügen und wusste so prächtige Masken zu ersinnen, dass es war, als sei ohne ihn nichts zu machen.

Die Festnacht war gekommen. Eine glänzende Halle war unter Tripettas Aufsicht mit allem ausgeschmückt worden, was geeignet schien, einen stimmungsvollen Hintergrund für ein Maskenfest zu schaffen. Der ganze Hof war in fieberhafter Erwartung. Was die Wahl der Masken und Kostüme anlangte, so hatten viele schon Wochen, ja Monate vorher beschlossen, welche Rolle sie zu spielen gedachten, und wirklich gab es auch keine Unentschlossenheit mehr – ausgenommen beim König und seinen sieben Ministern. Warum gerade sie noch zögerten, wüsste ich nicht zu sagen, es sei denn, weil ihnen dies spaßhaft vorkam. Wahrscheinlich ist, dass es ihnen schwerfiel, für ihre fetten Gestalten eine passende Verkleidung zu finden. Kurzum, die Zeit entfloh, und als letzte Rettung ließen sie Tripetta und Hopp-Frosch rufen.

Als die beiden kleinen Freunde kamen, fanden sie den König mit den sieben Mitgliedern seines Kabinettsrates beim Weine sitzen. Aber der Herrscher schien übler Laune zu sein. Er wusste, dass Hopp-Frosch den Wein nicht liebte, da das Trinken stets den armen Krüppel bis zum Wahnsinn aufregte, und Wahnsinn ist kein angenehmer Zustand. Aber dem König, der es liebte, jemand einen Schabernack zu spielen, machte es Spaß, Hopp-Frosch zum Trinken zu zwingen und ihn – wie der König es nannte – lustig zu machen.

»Komm her, Hopp-Frosch«, sagte er, als der Spaßmacher und seine kleine Gefährtin ins Zimmer traten. »Leere diesen Becher auf die Gesundheit deiner fernen Freunde« – hier seufzte Hopp-Frosch – »und dann begnade uns mit deiner Erfindungsgabe. Wir brauchen Rollen, Rollen, Mann, irgendetwas Neues, noch nicht da Gewesenes! Wir haben das ewige Einerlei satt. Komm, trink! Der Wein wird dich erleuchten.« Hopp-Frosch versuchte wie immer so auch diesmal des Königs wohlwollende Ansprache mit einem Scherz zu beantworten, aber die Anstrengung war zu groß. Gerade heute nämlich war des armen Zwerges Geburtstag, und der Befehl, seinen »abwesenden Freunden« zuzutrinken, zwang ihm Tränen in die Augen. Große und bittere Tropfen fielen in den Kelch, den er demütig aus der Hand des Tyrannen entgegennahm.

»Ah! Ha! ha! ha!«, grölte Letzterer, als der Zwerg den Becher widerwillig leerte. »Seht, was so ein Glas guten Weins vermag! Wahrhaftig, deine Augen glänzen schon!«

Armer Kerl! Seine großen Augen glänzten nicht nur, sie glühten, denn auf sein leicht erregbares Hirn hatte der Wein nicht nur eine gewaltige, sondern auch eine augenblickliche Wirkung. Er stellte den Becher mit bebender Hand auf den Tisch und sah sich mit halb irrsinnigen Blicken in der Gesellschaft um. Alle Anwesenden hatten ihre Freude an dem sichtlichen Erfolg des königlichen »Scherzes«.

»Und jetzt an die Arbeit!«, sagte der Premierminister, ein sehr fetter Mann.

»Ja«, sagte der König. »Komm, Hopp-Frosch, leihe uns deinen Beistand. Charakterrollen, mein hübscher Junge! Es mangelt uns an Charakteren, uns allen, ha! ha! ha!« Und da diese Äußerung offenbar scherzhaft gemeint war, stimmten seine sieben Minister in sein Lachen mit ein.

Hopp-Frosch lachte auch – aber nicht sehr herzhaft.

»Vorwärts, vorwärts«, sagte der König ungeduldig, »kannst du uns keinen Vorschlag machen?«

»Ich bin bemüht, etwas Neues zu ersinnen«, antwortete der Zwerg zerstreut, denn er war trunken vom Wein. »Bemüht!«, schrie der Tyrann wütend. »Was meinst du damit? Ah, ich sehe, du bist missgestimmt und brauchst noch mehr Wein. Hier, trink!«

Und er goss einen zweiten Becher voll und bot ihn dem Krüppel, der nach Atem rang und sich nicht rührte.

»Trink, sage ich!«, brüllte der Unhold. »Oder beim Teufel –«

Der Zwerg zögerte. Der König wurde purpurrot vor Zorn. Die Höflinge schmunzelten. Tripetta näherte sich leichenblass dem

König, warf sich vor ihm auf die Knie und beschwor ihn, ihren Freund zu schonen.

Der Tyrann war von ihrer Kühnheit verblüfft. Einen Augenblick sah er sie verwundert an. Er schien in großer Verlegenheit – was sollte er tun, was sagen, wie seinem Zorn Luft machen? Endlich stieß er sie wortlos zurück und schüttete ihr den ganzen Inhalt seines Bechers ins Gesicht.

Das arme Mädchen erhob sich wankend und nahm, ohne auch nur einen Seufzer zu wagen, ihren Platz am Fuße des Tisches wieder ein.

Eine halbe Minute lang herrschte Totenstille, man hätte ein Blatt zu Boden fallen hören können. Da tönte in das Schweigen ein sehr leiser, doch scharfer und anhaltender knirschender Ton, der zu gleicher Zeit aus allen Ecken des Raumes hervorzuknarren schien.

»Warum – warum – warum, sage ich, machst du dieses Geräusch?«, wandte sich der König an den Zwerg.

Letzterer schien sich von seiner Betrunkenheit ganz erholt zu haben; er sah dem König scharf, doch ruhig ins Gesicht und sagte nur:

»Ich – ich? Wie könnte ich das getan haben?«

»Der Laut schien von außen hereinzudringen«, bemerkte einer der Höflinge. »Vermutlich war es der Papagei dort am Fenster, der seinen Schnabel an den Gitterstäben des Käfigs wetzte.«

»Möglich«, erwiderte der Herrscher und atmete befreit auf, »doch bei meinem Ritterwort, ich hätte schwören mögen, dass es das Zähneknirschen des Schurken hier war.«

Jetzt lachte der Zwerg – der König war ein zu eingefleischter Spaßmacher, als dass er irgendeinem das Lachen verübelt hätte, – und enthüllte zwei Reihen großer, kräftiger, abstoßend wirkender Zähne. Überdies gab er seine völlige Bereitwilligkeit zu erkennen, so viel Wein zu schlucken, als man nur wünsche. Der König war befriedigt. Und nachdem Hopp-Frosch ohne scheinbar üble Wirkung einen weiteren Becher geleert hatte, begann er sogleich und mit Eifer sich für die geplante Maskerade zu interessieren.

»Ich kann nicht sagen, wie die Ideenverbindung mir kam«, bemerkte er so ruhig, als habe er nie in seinem Leben einen Schluck Wein über die Lippen gebracht. »Aber gerade *nachdem* Eure Majestät das Mädchen fortgestoßen und ihr den Wein ins Gesicht geschüttet hatten – *gerade nachdem* Eure Majestät das getan hatten und während der Papagei draußen am Fenster das seltsame Geräusch vollführte, kam mir ein köstlicher Spaß in den Sinn, einer der lustigen Streiche aus meiner Heimat und bei unsern Maskenfesten sehr beliebt. Hier aber wird er sicherlich ganz neu sein. Leider jedoch gehören dazu genau acht Personen, und –« »Sind wir ja!«, rief der König und lachte über seine rasche Entdeckung der Zahlenübereinstimmung. »Genau acht Mann, ich und meine sieben Minister. Vorwärts! Erzähle uns deinen Streich!«

»Wir nennen ihn«, erwiderte der Krüppel, »die acht zusammengeketteten Orang-Utans, und gut ausgeführt ist er wirklich von großartiger Wirkung.«

»Wir wollen ihn ausführen«, bemerkte der König und stand mit schweren Augenlidern auf.

»Der Hauptwitz des Spiels liegt in dem Entsetzen, das es bei den Frauen verursacht«, fuhr Hopp-Frosch fort. »Ausgezeichnet!«, grölten der Monarch und seine Minister im Chor.

»Ich werde Sie also als Orang-Utans einkleiden«, sprach der Zwerg weiter. »Überlassen Sie alles mir. Die Ähnlichkeit wird so verblüffend sein, dass die ganze Maskengesellschaft Sie für wirkliche Tiere halten wird – und natürlich wird man ebenso entsetzt wie erstaunt sein.«

»Oh, das ist herrlich!«, rief der König. »Hopp-Frosch! Aus dir will ich noch einen Mann machen!«

»Die Ketten dienen dazu, durch ihr Klirren die Verwirrung zu erhöhen. Es muss so scheinen, als seien Sie alle Ihren Wächtern entronnen.

Eure Majestät können sich gar nicht vorstellen, wie wirkungsvoll bei solch einer Maskerade acht zusammengekettete Orang-Utans sein müssen, da die meisten der Gesellschaft Sie für wirkliche Bestien halten werden, wenn Sie mit wildem Geschrei mitten zwischen all die prächtig und lieblich gekleideten Männer und Frauen hineinrasen. Der Gegensatz wird unbeschreiblich sein.«

»Das machen wir unbedingt«, sagte der König. Und der versammelte Rat löste sich auf, denn es war schon spät, und man musste sich beeilen, den Plan Hopp-Froschs zur Ausführung zu bringen.

Sein Verfahren, den König und seine Vertrauten in Orang-Utans zu verkleiden, war einfach, aber für seine Zwecke wirkungsvoll genug. Diese Tiere waren zu der Zeit, in der meine Geschichte spielt, in der zivilisierten Welt noch kaum gesehen worden. Und da die von dem Zwerg vorgenommene Verkleidung wahrhaft scheußlich und bestienhaft aussah, so war der Erfolg der Täuschung gesichert.

Der König und seine Minister wurden zunächst in eng anliegende braune wollene Hemden und Unterhosen gesteckt. Dann wurden diese mit Teer getränkt. Jetzt schlug einer Federn vor. Aber der Zwerg verwarf diesen Vorschlag und überzeugte die acht, dass das Fell eines Orang-Utans weit naturgetreuer durch Flachs dargestellt werden könne. Eine dicke Schicht davon wurde nun auf die Teerschicht festgedrückt. Dann brachte man eine lange Kette herbei. Sie wurde zuerst dem König um den Leib gelegt und *festgeknotet*, mit den sieben andern Teilnehmern wurde genau so verfahren. Als alle derart angekettet und so weit als möglich voneinander entfernt aufgestellt waren, bildeten sie einen Kreis; und um das Ganze recht naturgetreu erscheinen zu lassen, zog der

Zwerg den Rest der Kette zweimal diametral durch den Kreis. Es war ganz die Art, in der noch heutzutage auf Borneo große Affen zusammengekoppelt werden.

Der weite Saal, in dem das Maskenfest stattfinden sollte, war ein kreisrunder, sehr hoher Raum, der sein Licht durch ein einziges Fenster im Mittelpunkt der Deckenwölbung erhielt. Bei Nacht – und besonders für solche Feste war der Saal bestimmt – empfing er sein Licht von einem großen Kronleuchter, der an einer Kette von der Mitte des Kuppelfensters herniederhing. Wie üblich konnte er mittels eines Gegengewichtes herabgelassen und wieder hinaufgezogen werden, doch hatte man dies aus Schönheitsgründen außerhalb der Kuppel über das Dach hinweggeführt. Die Ausschmückung des Festgemachs wurde Tripettas Oberaufsicht überlassen; in einigen Dingen jedoch hatte sie sich der überlegenen Umsicht ihres Freundes, des Zwerges, gefügt. Seinem Rate folgend hatte man für diese Gelegenheit den Kronleuchter entfernt. Die Wachstropfen, die nicht zu vermeiden gewesen wären, würden der kostbaren Gewandung der Gäste sehr geschadet haben, andererseits aber konnten in einem überfüllten Raume nicht alle Leute die Mitte, also den Platz unter dem Kronleuchter, meiden. Dafür wurden aber zahlreiche Kandelaber ringsum an den Wänden der Halle aufgestellt und jeder der fünfzig bis sechzig Karyatiden eine Wohlgeruch spendende Fackel in die rechte Hand gegeben.

Die acht Orang-Utans warteten auf Hopp-Froschs Rat mit ihrem Erscheinen geduldig bis zwölf Uhr, bis der Saal von Masken gedrängt voll sein würde. Kaum jedoch war der letzte Schlag der Mitternachtsstunde verhallt, als sie hineinstürmten, vielmehr rollten, denn die hindernden Ketten rissen die meisten von ihnen zu Boden, und wer nicht fiel, stolperte.

Das Entsetzen der Maskengesellschaft war ungeheuer und erfüllte das Herz des Königs mit Entzücken. Wie man vorausgesehen hatte, gab es unter den Gästen nicht wenige, die diese grimmig aussehenden Wesen, wenn auch nicht gerade für Orang-Utans, so doch für wilde Bestien hielten.

Viele der Frauen wurden ohnmächtig vor Schreck, und wäre der König nicht so vorsichtig gewesen, das Waffentragen für diesen Abend zu verbieten, so hätten er und seine Gefährten den Schabernack wohl mit ihrem Blute büßen müssen. So aber trachteten alle nach den Türen. Der König hatte jedoch Befehl gegeben, sie gleich nach dem Eintritt der Affenbande abzuschließen, und einer Anregung des Zwerges gemäß hatte man diesem selbst die Schlüssel ausgeliefert.

Als der Tumult aufs Höchste gestiegen und jeder Gast nur auf seine eigene Rettung bedacht war – denn das Gedränge war inzwischen lebensgefährlich geworden –, hätte man sehen können, wie die Kette, die sonst den Kronleuchter trug und nach dessen Entfernung hinaufgezogen worden war, sich allmählich herabsenkte, bis ihr Haken nur noch drei Fuß überm Erdboden hing. Bald darauf geschah es, dass der König und seine sieben Freunde, nachdem sie den Saal nach allen Richtungen durchtaumelt hatten, sich schließlich in dessen Mittelpunkt und unmittelbar unter der Kette befanden. Als sie so standen, ergriff der Zwerg, der ihnen auf Schritt und Tritt gefolgt war und sie zu immer wilderem Gebaren angefeuert hatte, die Kette, an die sie gefesselt waren, genau an der Stelle, wo die beiden Diametrallinien zusammentrafen. Blitzschnell hängte er hier in das Mittelglied den Kronleuchterhaken ein, und augenblicklich wurde durch eine unsichtbare Kraft die Kette so hoch hinaufgezogen, dass der Haken nicht mehr erreichbar war. Diese Aufwärtsbewegung riss die Orang-Utans ganz nahe zusammen; sie standen Gesicht an Gesicht gedrängt.

Inzwischen hatten die Maskengäste sich von ihrer Verblüffung erholt; sie begannen das Ganze als einen wohlvorbereiteten Scherz anzusehen und brachen über die sonderbare Situation der Affen in lautes Gelächter aus.

»Überlasst sie mir!«, kreischte jetzt Hopp-Frosch, mit seiner schrillen Stimme den ganzen Lärm übertönend. »Überlasst Sie mir! Ich glaube ich kenne sie. Wenn ich sie mir nur einmal recht anschauen könnte, ich würde euch gleich sagen, wer sie sind!«

Und über die Köpfe der Menge hinwegkriechend, gelangte er zur Saalwand, nahm einer der Karyatiden die Fackel aus der Hand, kehrte auf demselben Wege wie vorher in die Mitte zurück und sprang mit Affengeschwindigkeit dem König auf den Kopf und kletterte von da an der Kette hinauf. Ein paar Fuß über den Orang-Utans senkte er seine Fackel, leuchtete ihnen ins Antlitz und schrie von Neuem: »Ich werde bald heraushaben, wer sie sind!«

Und jetzt, während alle Anwesenden – die Affen mit einbegriffen – sich vor Lachen schüttelten, ließ der Spaßmacher einen schrillen Pfiff ertönen. Die Kette flog etwa dreißig Fuß empor und zog die bestürzten und um sich schlagenden Orang-Utans mit; da hingen sie nun zappelnd genau in halber Höhe des Saales. Hopp-Frosch, der sich an der Kette festgeklammert hatte, verharrte noch in derselben Stellung wie vorher. So als sei nichts geschehen, senkte er seine Fackel zu ihnen hinunter, als bemühe er sich festzustellen, wer sie seien.

So völlig verblüfft war man von diesem plötzlichen Aufstieg, dass wohl eine Minute lang Todesstille herrschte. Da ertönte wieder das leise, scharfe, knirschende Geräusch, das dem König, als er Tripetta den Wein ins Gesicht schüttete, aufgefallen war. Jetzt aber konnte kein Zweifel darüber sein, wo der Laut herkam. Er kam von den Raubtierzähnen des Zwerges, es war ein Knirschen aus seinem schäumenden Mund. Sein Blick flammte mit dem Ausdruck wahnsinniger Wut in die aufwärts gewendeten Gesichter des Königs und seiner sieben Gefährten.

»Aha!«, sagte der Spaßmacher. »Aha! Ich fange an zu begreifen, wer diese Leute sind!« Und wie um den König heller zu beleuchten, näherte er die Fackel dem Pelz, in dem jener steckte, sodass der Flachs augenblicklich in heller Garbe aufflammte. In weniger als einer halben Minute brannten die acht Orang-Utans lichterloh. Und drunten kreischte die entsetzte Menge und starrte wie gebannt zu den flammenden Körpern empor, denen sie keine Hilfe bringen konnte.

Endlich wurden die aufwärts leckenden Flammen so stark, dass der Narr, um ihnen auszuweichen, höher hinaufklettern musste, und diese Bewegung machte die Menge einen Augenblick lang stumm. Der Zwerg ergriff die Gelegenheit und sprach noch einmal.

»Jetzt sehe ich *deutlich*«, sagte er, »welcher Art Leute diese Maskierten sind. Es ist ein großer König mit seinen sieben Ministern, ein König, der sich kein Gewissen daraus macht, ein wehrloses Mädchen zu schlagen, und seine sieben Berater, die seiner schmachvollen Tat Vorschub leisten. Was mich anbetrifft, so bin ich nur Hopp-Frosch, der Spaßmacher, und das ist *mein letzter Spaß*.«

Infolge der hohen Brennbarkeit sowohl des Flachses wie des Teers war das Rachewerk schon vollbracht, als der Zwerg seine kurze Rede kaum beendet hatte. Die acht Leichname schaukelten in ihren Ketten – eine stinkende, geschwärzte, ekelhafte, unkenntliche Masse. Der Krüppel schleuderte seine Fackel auf sie herab, kletterte behende bis zur Decke empor und verschwand durch das Kuppelfenster.

Es ist anzunehmen, dass Tripetta auf dem Dach des Kuppelsaales stand, ihrem Freund bei seinem schauerlichen Racheakt Beihilfe leistete und dass sie zusammen ihre Flucht in ihr Heimatland bewerkstelligten. Beide wurden nie mehr gesehen.

DIE TATSACHEN IM FALLE WALDEMAR

Selbstverständlich finde ich es ganz natürlich, dass der seltsame Fall des Herrn Waldemar viel erörtert worden ist. Es wäre ein Wunder, wenn es anders gewesen wäre, besonders unter den vorliegenden Umständen. Infolge des Wunsches aller Beteiligten, die Sache vor der Öffentlichkeit wenigstens so lange geheim zu halten, bis uns Gelegenheit zur weiteren Nachforschung gegeben war, und durch unsere Bemühungen, dies zu erreichen, drangen entstellte und übertriebene Gerüchte ins Volk und wurden die Quelle unangenehmer Missdeutungen und selbstredend auch starker Ungläubigkeit. Es ist nun also notwendig, dass ich die *Tatsachen* berichte – soweit ich sie selbst begreife. Sie seien hier kurz zusammengefasst.

Während der letzten drei Jahre war mein Interesse mehrfach auf den Mesmerismus hingelenkt worden, und vor neun Monaten etwa fiel es mir ganz plötzlich auf, dass die Reihe der bisher gemachten Experimente eine sehr auffallende und unverantwortliche Lücke aufwies: Man hatte noch keinen *Sterbenden* hypnotisiert! Zunächst blieb zu beobachten, ob ein solcher Patient für magnetische Einwirkungen besonders empfänglich war; ferner, ob die Empfänglichkeit in solchem Zustand, falls sie vorhanden, stärker oder schwächer war als sonst; und drittens, in welchem Grade oder für welche Zeitdauer sich der Tod hinausschieben lassen konnte. Noch andere Punkte galt es aufzuklären, doch jene vor allem reizten meine Neugier – und ganz besonders der dritte Punkt erschien mir äußerst bedeutungsvoll.

Auf der Suche nach einer Persönlichkeit, mit deren Hilfe ich diese Fragen lösen könnte, fiel mir mein Freund Herr Ernst Waldemar ein, der bekannte Bibliothekar der *»Bibliotheca Forensica«* und (unter dem Pseudonym Issachar Marx) Verfasser der polnischen Ausgaben des »Wallenstein« und des »Gargantua«. Herr Waldemar, der hauptsächlich in Harlem gelebt hatte und sich seit 1839 in Neuyork aufhielt, war besonders auffallend durch seine unerhörte Magerkeit und durch die weiße Farbe seines Backenbartes, der mit dem schwarzen Haupthaar seltsam kontrastierte, sodass man oft glauben mochte, er trage eine Perücke. Er war sehr reizbar und eignete sich daher für mesmeristische Versuche vortrefflich. Zwei- oder dreimal war es mir ohne Schwierigkeit gelungen, ihn in Schlaf zu versetzen, doch andere Erwartungen, die seine sonderbare Konstitution in mir erweckt hatte, erfüllten sich nicht. Sein Wille war niemals dem meinigen vollkommen unterworfen, und in Bezug auf »Hellsehen« konnte ich mit ihm nichts Zuverlässiges erreichen. Meinen Misserfolg in dieser Hinsicht schrieb ich immer seiner zerrütteten Gesundheit zu, denn einige Monate, ehe ich mit ihm bekannt wurde, hatten seine Ärzte ihn für unrettbar schwindsüchtig erklärt. Es war übrigens seine Gewohnheit, von seiner bevorstehenden Auflösung als von einer unvermeidlichen Tatsache, die nicht bedauert werden sollte, zu sprechen.

Als jene Gedanken sich mir zum ersten Male aufdrängten, war es also ganz natürlich, dass ich an Herrn Waldemar dachte. Ich kannte die ruhevolle Philosophie dieses Mannes zu gut, als dass ich seinerseits irgendwelche Bedenken vermutet hätte; und er hatte in Amerika keine Angehörigen, die Einspruch hätten erheben können. Ich sprach mit ihm ganz offen über die Sache, und zu meiner

Verwunderung zeigte er lebhaftes Interesse. Ich sage zu meiner Verwunderung, denn obgleich er sich meinen Experimenten stets willig gefügt hatte, so hatte er ihnen doch niemals besondere Sympathie entgegengebracht. Die Art seines Leidens gestattete es, seine Todesstunde ziemlich genau vorauszusagen, und es wurde also zwischen uns vereinbart, dass er etwa vierundzwanzig Stunden vor der ihm von den Ärzten bezeichneten Sterbestunde mich zu sich rufen lassen würde.

Es ist jetzt mehr als sieben Monate her, seit ich von Herrn Waldemars eigener Hand folgende Zeilen erhielt:

Mein lieber P.!

Sie können nun also kommen. D. und F. haben festgestellt, dass ich nicht lange mehr mitmache – nur noch bis morgen Mitternacht; und ich glaube, sie haben den Zeitpunkt ziemlich richtig angegeben.

Waldemar.

Ich erhielt diese Mitteilung eine halbe Stunde, nachdem sie geschrieben war, und fünfzehn Minuten später befand ich mich im Zimmer des Sterbenden. Ich hatte ihn seit zehn Tagen nicht gesehen und war entsetzt über die furchtbare Veränderung, die in dieser kurzen Zeit mit ihm vorgegangen war. Sein Antlitz war bleifarben, die Augen blickten stumpf und vollkommen glanzlos, und die Abmagerung hatte so große Fortschritte gemacht, dass die Haut von den Backenknochen durchbohrt worden war. Sein Schleimauswurf war unerhört stark, der Puls kaum wahrnehmbar. Trotz alledem schien er im vollkommenen Besitz seiner Geisteskräfte und war auch körperlich nicht so schwach, wie man hätte annehmen sollen. Er sprach sehr deutlich, nahm ohne jede Hilfe einige lindernde Arzneien zu sich und war, als ich ins Zimmer trat, damit beschäftigt, in sein Notizbuch Aufzeichnungen zu machen. Er saß, von Kissen gestützt, aufrecht im Bett. Die Doktoren D. und F. waren anwesend.

Nachdem ich Waldemar die Hand gedrückt, nahm ich die Herren beiseite und empfing von ihnen über den Zustand des Patienten eingehenden Bericht. Der linke Lungenflügel war seit achtzehn Monaten vollkommen verknorpelt und ganz unbrauchbar. Die obere Hälfte des rechten Lungenflügels war ebenfalls teilweise, wenn nicht sogar ganz verknöchert, während die untere Hälfte bereits in Eiterung überzugehen begann. Mehrere umfangreiche Durchbrüche waren vorhanden, und einige Rippen waren ebenfalls von Eiterung ergriffen. Diese Erscheinungen im rechten Lungenflügel waren verhältnismäßig neueren Datums. Die Verknöcherung hatte mit ganz ungewöhnlicher Schnelligkeit um sich gegriffen, und die Rippeneiterung hatte man erst in den letzten drei Tagen wahrgenommen. Unabhängig von der Schwindsucht vermutete man bei dem Kranken eine Geschwulst an der Pulsader, doch machte die Lungenverknöcherung eine genaue Diagnose in dieser Hinsicht unmöglich. Es war die Ansicht beider Ärzte, dass Herr Waldemar gegen Mitternacht des folgenden Tages (eines Sonntages) sterben werde. Jetzt war es Samstag sieben Uhr abends.

Bevor die Doktoren D. und F. sich zu mir wendeten, um mir den Zustand ihres Patienten zu schildern, hatten sie diesem ein letztes Lebewohl geboten. Es hatte nicht in ihrer Absicht gelegen, wiederzukommen, auf mein Ersuchen jedoch erklärten sie sich bereit, gegen zehn Uhr am folgenden Abend noch einmal nach dem Kranken zu sehen.

Als sie gegangen waren, sprach ich mit Herrn Waldemar ganz offen über seine bevorstehende Auflösung und vor allem sehr eingehend über das beabsichtigte Experiment. Er zeigte sich noch immer ganz willig, ja sogar begierig, und bat mich, sogleich zu beginnen. Ein Pfleger und eine Pflegerin waren anwesend, aber ich fühlte mich nicht ganz berechtigt, mich einer so bedeutungsvollen Aufgabe zu unterziehen, ohne dass für den Fall eines unerwarteten Ereignisses zuverlässigere Zeugen zugegen waren als diese beiden Leute. Ich verschob daher meine Maßnahmen bis zum anderen Abend gegen acht Uhr, wo das Eintreffen eines Studenten der Medizin, des Herrn Theodor L...l, zu dem ich einige Beziehungen hatte, mich weiterer Befürchtungen enthob. Ursprünglich war es meine Absicht gewesen, auf die Ärzte zu warten, doch ich war gezwungen anzufangen, erstens infolge der dringenden Bitten Waldemars und zweitens infolge meiner Überzeugung, dass nicht eine Minute zu verlieren sei, denn es ging ersichtlich zu Ende mit ihm.

Herr L...l war so gütig, meinem Ersuchen, den Vorgang schriftlich festzuhalten, willig nachzukommen; und das, was ich jetzt berichte, ist zum großen Teile eine gedrängte oder wörtliche Wiedergabe seiner Aufzeichnungen.

Es war etwa fünf Minuten vor acht, als ich den Patienten bei der Hand nahm und ihn bat, Herrn L...l so klar als möglich anzugeben, ob er, Herr Waldemar, durchaus gewillt sei, dass ich in seinem gegenwärtigen Zustande den Mesmerismus bei ihm anwende.

Er antwortete mit schwacher, aber verständlicher Stimme: »Ja, ich wünsche hypnotisiert zu werden« – und fügte gleich darauf hinzu: »Ich fürchte, Sie haben es schon zu lange hinausgeschoben.« Während er noch sprach, begann ich mit dem Streichen; ich zog die Striche, die ich bereits früher am wirksamsten bei ihm angewendet hatte. Schon als ich meine Hand zum ersten Mal seitwärts über seine Stirne zog, erzielte ich eine gewisse Wirkung; doch obgleich ich meine ganze Macht erschöpfte, war bis einige Minuten nach zehn, als die Doktoren D. und F. vorsprachen, kein bemerkenswerter Erfolg zu verzeichnen gewesen. Ich erklärte den Ärzten in kurzen Worten mein Vorhaben, und da sie nichts dagegen einzuwenden hatten, weil der Kranke schon in Agonie lag, so setzte ich meine Versuche unverzüglich fort. Statt der seitlichen Striche machte ich jedoch jetzt solche von oben nach unten und konzentrierte meinen Blick auf das rechte Auge des Leidenden. Sein Puls war kaum wahrnehmbar; er atmete röchelnd und in Intervallen von einer halben Minute.

Eine Viertelstunde lang blieb sein Zustand unverändert. Nach Ablauf dieser Frist jedoch entrang sich der Brust des Sterbenden ein tiefer Seufzer, und das Röcheln war nicht mehr zu vernehmen; die Atmungsintervalle blieben dieselben. Die Gliedmaßen des Patienten waren von eisiger Kälte.

Fünf Minuten vor elf ließen sich unwiderlegliche Anzeichen mesmeristischer Einwirkung bemerken. Der glasige Ausdruck des rollenden Auges verwandelte sich in den Ausdruck nach innen gekehrten Sinnens und Suchens, wie er nur bei Somnambulen zu finden ist. Mit ein paar schnellen Querstrichen brachte ich die Augenlider zum Beben, und nach einigen weiteren Strichen schlossen sie sich ganz. Dieser Erfolg genügte mir aber nicht, ich fuhr vielmehr eifrig und mit äußerster Willensanstrengung so lange fort, bis die Glieder des Schläfers, die ich zunächst in eine bequeme Lage gebracht hatte, vollständig steif geworden waren. Die Beine waren lang ausgestreckt; die Arme lagen ebenfalls fast gestreckt; der Kopf ruhte leicht erhöht in den Kissen.

Als dies geschehen war, war es genau Mitternacht, und ich ersuchte die anwesenden Herren, den Zustand Herrn Waldemars zu prüfen. Nach kurzer Untersuchung erklärten sie, dass er sich in ungemein tiefer Trance befinde. Die Neugier beider Ärzte war in höchstem Grade geweckt, Dr. D. beschloss sofort, die ganze Nacht bei dem Patienten zu verbringen, während Dr. F. sich mit dem Versprechen verabschiedete, bei Tagesanbruch wiederzukommen. Herr L…l und der Pfleger und die Pflegerin blieben auch da.

Wir ließen nun Herrn Waldemar bis gegen drei Uhr morgens ungestört; dann trat ich zu ihm und fand ihn in derselben Verfassung wie zur Zeit, als Dr. F. fortgegangen war – das will sagen, sein Zustand war unverändert: der Puls kaum fühlbar, der Atem nur mithilfe eines dem Kranken vor den Mund gehaltenen Spiegels bemerkbar, die Augen wie im Schlaf geschlossen, die Glieder hart und kalt wie Marmor. Dennoch bot er nicht den Anblick eines Toten.

Als ich mich Herrn Waldemar näherte, machte ich den schwachen Versuch, seinen rechten Arm der Führung des meinigen zu unterwerfen. Ich hatte bisher in solchen Experimenten bei diesem Patienten kein Glück gehabt, und so hatte ich auch jetzt wenig Hoffnung auf Erfolg. Zu meinem großen Erstaunen aber folgte sein Arm sofort willig, wenn auch sehr matt, jeder Richtung, die mein Arm ihm vorschrieb. Ich beschloss, ein Gespräch zu wagen.

»Herr Waldemar«, sagte ich, »schlafen Sie?« Er gab keine Antwort, doch ich bemerkte ein Zittern um seinen Mund und wurde dadurch veranlasst, meine Frage ein zweites und drittes Mal zu wiederholen. Als ich sie zum dritten Male stellte, wurde seine ganze Gestalt von einem leichten Schauer befallen: Die Augenlider öffneten sich so weit, dass sie ein wenig den weißen Augapfel enthüllten, die Lippen regten sich träge, und in kaum hörbarem Flüstern entrangen sich ihnen die Worte:

»Ja – schlafe jetzt. Wecken Sie mich nicht! – Lassen Sie mich so sterben!«

Ich befühlte seine Gliedmaßen; sie waren so eiskalt wie immer. Der rechte Arm gehorchte wie vorher der Führung meiner Hand. Ich fragte den Magnetisierten von Neuem:

»Fühlen Sie noch Schmerzen in der Brust, Herr Waldemar?«

»Keine Schmerzen – ich sterbe.«

Ich hielt es nicht für ratsam, ihn gerade jetzt noch weiter zu stören, und bis zur Ankunft des Dr. F. wurde nichts mehr gesprochen; dieser traf kurz vor Sonnenaufgang ein und bekundete grenzenloses Erstaunen, den Patienten noch am Leben zu sehen. Nachdem er ihm den Puls gefühlt und einen Spiegel an die Lippen gehalten hatte, ersuchte er mich, den Schlafwachenden nochmals anzureden. Ich folgte der Aufforderung und sagte:

»Herr Waldemar, schlafen Sie noch?«

Wie vordem vergingen einige Minuten, ehe eine Antwort erfolgte; während dieser Zeit schien der Sterbende seine Energie zu sammeln. Bei der vierten Wiederholung der Frage sagte er sehr schwach, fast unhörbar:

»Ja, schlafe noch – sterbe.«

Es war jetzt die Ansicht oder vielmehr der Wunsch der Ärzte, dass Herr Waldemar in seinem gegenwärtigen, anscheinend ruhevollen Zustand belassen werden solle, bis der Tod obsiege; und das – darin stimmte man überein – müsse nun in wenigen Minuten erfolgen. Ich beschloss jedoch, noch einmal zu ihm zu sprechen, und wiederholte einfach meine vorige Frage.

Während ich sprach, ging mit dem Antlitz des Kranken eine seltsame Veränderung vor. Die Augen öffneten sich langsam, die Pupillen drehten sich so weit nach aufwärts, bis sie ganz unsichtbar waren; die Haut wurde leichenfarben und glich nun weniger dem Pergament als weißem Papier; und die kreisrunden hektischen Flecke, die sich auf jeder Wange streng abzeichneten, erloschen mit einem Male. Ich gebrauche diesen Ausdruck, weil die Plötzlichkeit ihres Verschwindens mich an nichts so sehr erinnerte wie an das plötzliche Erlöschen einer Kerzenflamme, die man ausbläst. Gleichzeitig kräuselte sich die Oberlippe, die bisher die Zähne bedeckt hatte, stark aufwärts, während die untere Kinnlade mit hörbarem Ruck herunterklappte und den Mund weit offen zeigte, in dessen Mitte die geschwollene und schwarz gewordene Zunge voll zu sehen war.

Ich vermute, dass keinem der Anwesenden die Schrecken des Totenbettes fremd waren, aber Herr Waldemar bot in diesem Augenblick einen so entsetzlichen Anblick, dass alle aus der Nähe des Bettes zurückwichen.

Ich fühle jetzt, dass ich in meiner Erzählung einen Punkt erreicht habe, bei dem sich jeder Leser ungläubig abwendet. Dessen ungeachtet ist es meine Pflicht, fortzufahren.

An Herrn Waldemar war nicht das geringste Lebenszeichen mehr zu bemerken, und da wir annahmen, dass er tot sei, wollten wir ihn der Obhut der Pflegeleute überlassen, als seine Zunge von einer heftigen Vibration ergriffen wurde. Diese hielt wohl eine Minute lang an. Nach Ablauf dieser Zeit tönte zwischen den weitgeöffneten und regungslosen Kinnladen eine Stimme hervor – es wäre Wahnsinn, sie beschreiben zu wollen. Es gibt wohl zwei oder drei Vergleiche, die man hier anwenden könnte; ich könnte z. B. sagen, dass der Laut heiser und gebrochen und hohl klang; aber die Fürchterlichkeit des Ganzen ist unbeschreiblich, aus dem einfachen Grunde, weil niemals menschliche Ohren ähnliche Laute vernommen haben. Dennoch waren da zwei Besonderheiten, die, wie ich damals meinte – und auch heute noch denke –, als charakteristisch für den Klang angeführt werden können. Erstens schien die Stimme an unsere Ohren – an meine wenigstens – aus weiter Ferne zu dringen oder aus einer tiefen Höhle, aus dem Erinnern. Zweitens (ich fürchte in der Tat, dass es mir unmöglich sein wird, mich verständlich zu machen) – zweitens empfand mein Gehörsinn diese Laute so, wie etwa der Gefühlsinn gallertartige oder klebrige Dinge empfindet.

Ich sprach sowohl von »Laut« als von »Stimme«. Ich will damit sagen, dass der Laut von klarer, von wundersam ergreifender Deutlichkeit der Worte war. Herr Waldemar *sprach* – und vermutlich in Erwiderung der Frage, die ich ihm ein paar Minuten vorher gestellt hatte. Man wird sich erinnern, dass ich ihn gefragt hatte, ob er noch schlafe. Er sagte jetzt: »Ja – nein – ich *habe geschlafen* – und jetzt – jetzt – *bin ich tot.*«

Keiner der Anwesenden machte auch nur den Versuch, das unerhörte, schaudernde Entsetzen zu verbergen, das diese paar so fürchterlich gesprochenen Worte ihm eingeflößt hatten. Herr L…l, der Student, wurde ohnmächtig. Die Pflegeleute verließen sofort das Zimmer und konnten nicht zur Rückkehr veranlasst werden. Meine eigenen Empfindungen darf ich gar nicht versuchen dem Leser nahezubringen. Fast eine Stunde lang bemühten wir uns schweigend – vollkommen schweigend –, Herrn L…l ins Leben zurückzurufen. Als er wieder zu sich gekommen war, befassten wir uns von Neuem mit der Untersuchung von Herrn Waldemars Zustand.

Er blieb in jeder Hinsicht genau so, wie ich ihn zuletzt beschrieben habe, ausgenommen, dass der Spiegel keine Atmung mehr erkennen ließ. Ein Versuch, aus dem Arm Blut zu ziehen, schlug fehl. Ich muss ferner erwähnen, dass dies Glied meinem Willen nicht mehr unterworfen war. Der einzige wirkliche Beweis mesmeristischer Einwirkung war nur mehr in der Vibration der Zunge zu erkennen, sobald ich an Herrn Waldemar eine Frage stellte. Er schien jedes Mal eine Anstrengung zu machen, um zu antworten, hatte aber nicht mehr genug Willenskraft. Für Fragen, die irgendeine andere Person an ihn richtete, schien er durchaus unempfänglich – obgleich ich mich bemühte, einen jeden aus der Versammlung in mesmeristischen Rapport mit ihm zu setzen.

Ich glaube, ich habe nun alles erzählt, was zum Verständnis für des Schlafwachenden damaligen Zustand notwendig ist. Anderes Pflegepersonal wurde beschafft, und um zehn Uhr verließ ich das Haus in Begleitung der beiden Ärzte und des Herrn L…l.

Am Nachmittag gingen wir alle wieder hin, um den Patienten zu sehen. Sein Befinden war vollkommen unverändert. Wir hatten nun eine Besprechung darüber, ob es richtig und tunlich an sich zur Charakterisierung unseres Verhältnisses Neues beiträgt, leugne ich nicht. So können natürlich die Dinge in Wirklichkeit nicht aneinanderpassen, wie die Beweise in meinem Brief, das Leben ist mehr als ein Geduldspiel; aber mit der Korrektur, die sich durch diesen Einwurf ergibt, einer Korrektur, die ich im einzelnen weder ausfahren kann noch will, ist meiner Meinung nach doch etwas der Wahrheit so sehr Angenähertes erreicht, daß es uns beide ein wenig beruhigen und Leben und Sterben leichter machen kann.

Franz

sei, ihn aufzuwecken; aber es wurde uns nicht schwer, dahin übereinzukommen, dass ein solches Vorgehen nichts Gutes fördern könne. Es war offensichtlich, dass bis jetzt der Tod (oder was man gewöhnlich Tod nennt) durch das mesmeristische Verfahren aufgehalten worden war. Es schien uns allen klar, dass ein Aufwecken Herrn Waldemars lediglich dessen augenblickliche oder zum Mindesten sehr schnelle Auflösung zur Folge haben werde.

Seit damals bis Ende letzter Woche – eine Zeitdauer von fast sieben Monaten – fuhren wir fort, täglich bei Herrn Waldemar nachzusehen, manchmal auch in Begleitung von Medizinern oder anderen Freunden. Diese ganze Zeit über verblieb der Schlafwachende in *genau* dem Zustande, wie ich ihn vorhin geschildert habe. Die Pfleger widmeten ihm beständige Aufmerksamkeit.

Es war am letzten Freitag, als wir schließlich beschlossen, den Versuch zu machen, ihn zu erwecken; und es ist vermutlich der unglückliche Ausgang dieses Experimentes, das in Laienkreisen zu so vielen Erörterungen Anlass gab, die ich nur als ungerechtfertigt bezeichnen kann.

Um Herrn Waldemar aus der Trance zu erwecken, brachte ich die üblichen Striche zur Anwendung. Diese waren eine Zeit lang erfolglos. Das erste Anzeichen von Wiederbelebung bot sich in einer teilweisen Herabsenkung der Iris. Als besonders bemerkenswert wurde festgestellt, dass diese Senkung der Pupille begleitet war von dem heftigen Ausfluss eines gelblichen Blutwassers, das unter den Lidern hervorlief und von sehr üblem Geruch war.

Es wurde nun angeregt, dass ich versuchen solle, wie früher den Arm des Patienten mir gehorsam zu machen. Ich machte den Versuch, und er misslang. Dr. F. äußerte dann den Wunsch, ich solle eine Frage stellen. Ich tat dies wie folgt:

»Herr Waldemar, können Sie uns klarmachen, was Sie jetzt fühlen oder wünschen?«

Sofort kehrten die hektischen Wangenflecke zurück, die Zunge zuckte, oder besser, sie rollte heftig im Munde hin und her (obgleich Kinnladen und Mund wie vorher weit aufgerissen blieben), und schließlich stürzte dieselbe grauenhafte Stimme hervor, die ich bereits beschrieben habe:

»Um Gottes willen – schnell – schnell – bringen Sie mich wieder in Schlaf – oder, schnell – erwecken Sie mich – schnell –. *Ich sage Ihnen, ich bin tot.*«

Ich war so furchtbar entsetzt, dass ich einen Moment lang nicht wusste, was beginnen. Zuerst machte ich den Versuch, den Patienten wieder zu beruhigen; da mir das aber infolge mangelnder Energie vollständig misslang, änderte ich meine Maßnahmen und bemühte mich ebenso eifrig, ihn zu erwecken. Ich sah bald, dass ich hierin Erfolg haben würde – oder wenigstens bildete ich mir ein, ein günstiges Resultat erzielen zu können; und ich bin gewiss, dass alle Anwesenden darauf vorbereitet waren, den Patienten erwachen zu sehen. Denn auf das, was sich wirklich ereignete, konnte unmöglich irgendein menschliches Wesen vorbereitet sein.

Während ich heftig die mesmeristischen Striche ausführte, inmitten der heulenden Rufe »tot – tot«, die geradezu der Zunge – nicht den Lippen – des Leidenden ohne Pause entquollen, geschah es, dass seine ganze Gestalt urplötzlich – innerhalb einer einzigen Minute – zusammenschrumpfte – zerfiel – unter meinen Händen hinwegfaulte. Auf dem Bett vor uns lag eine ekelhafte, stinkende Masse.